ॐ

Habe keine Angst mein Kind ich beschütze dich

OM SAI RAM

Botschaften der Liebe
gesandt durch die Gnade des höchsten Seins
Sathya Sai Baba

~

übermittelt
durch Ute Prema Kanthak

AMRA

Aus Liebe und Dankbarkeit
zum 80. Geburtstag von Sathya Sai Baba,
des Gottes meines Herzens.
UTE PREMA

Für ihre wertvolle Hilfe
bei der Restauration der ursprünglichen Textfassung
danken wir Hildegard Anna von Kotzebue.
Herzlicher Dank geht auch an Jürgen Schneider
von der ›Harmonie‹ in Hanau.
DER VERLAG

Foto auf Seite 7:
Der Gegenstand, den Sathya Sai Baba zwischen Mittelfinger
und Daumen (Himmel und Erde) hält, ist ein Lingam,
aus ihm selbst geborene göttliche Materie. Als goldenes Ei
symbolisiert es die Spiritualität des Herzens.

Erweiterte Ausgabe
Februar 2006

Auf der Reitbahn 8, D-63452 Hanau
Telefon: + 49(0)6181-189392
E-Mail: info@amraverlag.de

Umschlaggestaltung: Maria Anna Schmitt
Typografie und Layout: Harald Buwert
Lektorat und Herausgabe: Michael Nagula
Herstellung: FINIDR, s.r.o.

Unsere Webseite: www.amraverlag.de

ISBN-13: 978-3-939373-00-1
ISBN-10: 3-939373-00-1

OM SAI RAM

So lautet meine Botschaft,
millionen Mal wird dieser Ruf
über die Erde schallen.

OM

Der Laut, aus dem alles entstand.

SAI

Der gekommen ist, euch
von den Sünden der Welt zu befreien.

RAM

Gott allein wird euch erkennen
und erlösen.
Er allein wird entscheiden,
wer gelernt hat, in seiner Liebe zu leben,
wer gelernt hat, dass die stärkste Kraft auf Erden
die Liebe ist.
An diesem Tag, da ihr erkennen werdet,
wird sich meine Offenbarung erfüllen.

Sathya Sai Baba
wurde am 23. November 1926 in Puttaparthi, einem kleinen Dorf in Andra Pradesh, Südindien, geboren. Er hat sich nicht durch Askese und Meditation entwickelt, sondern wurde in aller Vollkommenheit geboren, um die Menschen zurückzuführen zu den Werten der Rechtschaffenheit, der Wahrheit, des Friedens, der Liebe und der Gewaltlosigkeit.
Nach einer normalen Schulzeit erklärte er im Alter von vierzehn Jahren, er sei eine Inkarnation Gottes, verließ sein Elternhaus und gründete seinen Ashram in Puttaparthi, Prashanti Nilayam – Ort des höchsten Friedens –, der heute zu einem großen spirituellen Zentrum geworden ist.

Sathya Sai Baba
wird als Avatar, als Verkörperung des allem innewohnenden göttlichen Prinzips, von Millionen Menschen auf der ganzen Welt verehrt. Sein Ziel ist es nicht, eine neue Religion ins Leben zu rufen, sondern *die Einheit aller Religionen.*
Er gründete in Indien Colleges und zahlreiche Universitäten, um sein Erziehungsprogramm zu verwirklichen, die von ihm entwickelte ›Erziehung in menschlichen Werten‹. Sie breitete sich inzwischen über die gesamte Welt aus.

»Das Ziel der Erziehung muss darin bestehen,
hohe Ideale im Menschen zu verankern.«

In der Nähe von Puttaparthi entstanden das große Sathya Sai Krankenhaus, ein Planetarium, ein Museum aller Religionen, eine Universität und der Sathya Sai Airport. Praktische Anwendung findet seine Lehre unter anderem in den unzähligen Hilfsprogrammen in Indien und überall auf der Welt. Sie stehen unter dem Leitspruch *Selbstloser Dienst am Nächsten.*

Sathya Sai Baba
gibt zweimal am Tag Darshan. Beim Darshan zeigt sich eine heilige Persönlichkeit beziehungsweise das Göttliche in verkörperter Form, und die Gläubigen dürfen seinen Segen und seine Gnade erfahren. Sai Babas Materialisationen – vor allem der heiligen Asche Vibhuti –, seine Heilungen und anderen segensreichen Taten bilden für viele Menschen eine Entsprechung zu den Wundern Jesu.

Es gibt nur eine Religion -
die Religion der Liebe

Es gibt nur eine Kaste -
die Kaste der Menschheit

Es gibt nur eine Sprache -
die Sprache des Herzens

Es gibt nur einen Gott -
ER ist allgegenwärtig

Vorwort

von Sylvia Leela Isani

Schon als kleines Mädchen, als ich vor einem selbstgebastelten Altar mit Freunden Gottesdienst spielte, war die Sehnsucht nach der unendlichen Liebe in mir, einer Liebe, die immer da ist und nie vergeht.
Diese Sehnsucht, dieser Drang beherrschten mein Leben. Ich lebte die Liebe in vielen Formen, von innerer Unruhe getrieben jettete ich durch die Welt und begann langsam die Liebe, die ich suchte, in den Augen eines geliebten Menschen, meines Hundes oder beim Anblick der untergehenden Sonne zu erkennen.
So brachte mich mein Suchen auch nach Indien. Schon am ersten Tag, als Indien mit all seinen Gerüchen, Geräuschen und seinen Menschen auf mich einstürzte, spürte ich, hier bin ich dem Göttlichen näher als irgendwo sonst auf dieser Welt. Hier ist Gott sicht- und fühlbarer, hier mag es leichter sein, diese Göttlichkeit, die unendliche Liebe in mir zu finden, denn das wusste ich inzwischen schon, die Liebe ist in mir. Ich musste aber noch viele Male nach Indien reisen, bevor ich wirklich ankam.
Gott zeigte sich mir endlich in der Gestalt von Sathya Sai Baba, einem Heiligen in einer orangen Robe, mit einer schwarzen Krone von Haaren, der in Puttaparthi in der Nähe von Bangalore lebt und dort seinen großen Ashram Prashanti Nilayam, Ort des höchsten Friedens, führt.
Ja, das hatte ich gesucht, den Ort des höchsten Friedens auf dieser Welt.
Mein Herz jubilierte. Tatsächlich erahnte ich, spürte ich dort die unendliche Liebe, die Liebe, die nie vergeht, die im Gegenteil immer stärker wird.
Bei jeder Begegnung mit Sai Baba wuchs mein Verständnis. Ein Blick in seine Augen, und ich empfand die Dimensionen der göttlichen Liebe, ich begann zu verstehen und zu fühlen, dass unser Herz sich von innen, von uns selbst öffnen lässt und dass wir Teil dieser Liebe, Teil Gottes, sind.

Sai Baba, als Repräsentant Gottes, ist nun Teil meines Lebens geworden und hat mein Herz der wahren Liebe geöffnet. Es ist der Weg der Freude und des Lichts, den er mir weist.

Das Leben ist ein Spiel, spiele es.
Das Leben ist ein Traum, realisiere ihn.
Das Leben ist Liebe, teile sie.

Das sagte er zu uns in einem persönlichen Gespräch, das er Ute Kanthak und mir gewährte, einem der so genannten ›Interviews‹, bei denen er oft auch Geschenke verteilt.

Ich lernte Ute kennen, als ich 1994 für fünf Monate bei Sai Baba in Indien sein durfte.
Unsere erste Begegnung erfolgte im Ashram beim Anstehen um ein Zimmer. Erst hörte ich sie nur, denn sie sprach laut und hessisch. *Aha,* dachte ich, *auch eine aus Frankfurt.* Zwei Tage später fanden wir uns in derselben Gruppe wieder, sie schimpfte auf Baba, weil er uns an diesem Tag sehr lange warten ließ, bevor er uns einen Darshan gewährte, den Anblick seiner Heiligkeit. »Niemand lässt mich so lange warten, nicht mal der liebe Gott«, sagte sie.
Sie wirkte auf mich sehr realistisch und bodenständig, weder abgehoben noch weltfremd. Deshalb war ich erst etwas überrascht, als ich erfuhr, dass sie mit Engeln sprach beziehungsweise die Engel durch sie, und dass man sich durch sie als Medium mit seinem Schutzengel unterhalten konnte. Ich fühlte mich schon immer sehr mit den Engeln verbunden, hatte aber durch verschiedene Erlebnisse auch gelernt, in Bezug auf Medien skeptisch zu sein.
Nach einiger Zeit siegte jedoch meine Neugier, und ich beschloss, Ute und die Engel auf die Probe zu stellen.
Aber Engel lassen sich nicht auf die Probe stellen, und so begann an diesem Tag eine ›wunder‹volle Beziehung zu meinem Schutzengel und zu Ute Kanthak.
Viel änderte sich dadurch in meinem Leben, viel Klarheit und Verständnis brachten mir die Engel.

Wieder in Deutschland traf ich mich fast täglich mit Ute, und eines Morgens im März 1995 erzählte sie mir, dass sie nachts

von einer starken Energie geweckt worden sei und eine Durchsage von Sai Baba aufgeschrieben habe.
Als ich diese Durchsage las, hatte ich keinerlei Zweifel, dass die Worte wirklich von Sai Baba stammten, denn ich spürte durch diese Worte seine mir inzwischen schon vertraute unendliche Liebe.
So begann eine sehr intensive Zeit, in der jeder Morgen mit der Frage begann: »Gibt es was Neues vom Lord?«
Wir waren jedes Mal tief berührt von der Liebe, die durch diese Worte floss, auch wenn sie manchmal sehr streng waren. Oft schienen die Aussagen für Ute oder einen anderen persönlich bestimmt zu sein, aber wenn Ute sie vorlas, fühlten viele von uns sich tief in ihrem Inneren angesprochen.
Als sich dann eines Nachts ein Außerirdischer von einem Planeten namens Mora meldete, erst in einer merkwürdigen, uns unbekannten Sprache sprach und danach auch noch Ute aufforderte, Atemübungen mit ihm zu machen, war Ute sehr befremdet. Wie gesagt, sie ist ihrem Wesen nach ein sehr realistischer und erdverbundener Mensch.
»Jetzt atmet sie schon mit Außerirdischen«, lautete der Kommentar einiger Freunde.
Aber was wissen wir schon? Wieso sollte es nicht Wesen außerhalb unserer Erde geben, die mit uns in Kontakt treten wollen und uns auf unserem Weg unterstützen?
In dieser Zeit der nächtlichen Durchsagen erfuhren wir so manches, sie brachten viel Freude und Liebe in unsere Herzen, und wenn Ute auch immer wieder Zweifel befielen, machte Sai Baba uns doch ein ums andere Mal klar, dass es wirklich seine Worte waren. Seine Durchsagen klärten immer wieder unsere Fragen und brachten Antworten auf unsere Bitten.

Während dieser Zeit flog ich mit meinem Mann wieder nach Indien. Sai Baba nahm sofort den Brief entgegen, den Ute uns mitgegeben hatte, mit der Frage an ihn, ob es mit den Durchsagen seine Richtigkeit habe.
An dem Tag, als er in Indien unsere Eheringe segnete, sagte er in einer weiteren nächtlichen Durchsage durch Ute in Frankfurt, dass dieser Tag für uns etwas Besonderes sein würde. Und das wurde er tatsächlich, viele wundervolle Dinge geschahen.

Am 21. August 1996 schloss Baba die Seiten seines Buches mit dem Auftrag, es in die Welt zu bringen.
Viel Zeit ist seitdem vergangen, einige Reisen nach Indien folgten, und im Januar 1998 gewährte mir Sai Baba wieder ein persönliches ›Interview‹, in dem er mir mit strahlender Freude und Liebe seine Robe schenkte, ein äußeres Zeichen seiner Allgegenwart. Seitdem ist mir klar, dass es auch meiner Verantwortung unterliegt, dass dieses Buch sich auf den Weg in die Herzen von vielen macht.
Nicht umsonst waren Ute und ich uns in den heiligen Hallen von Prashanti Nilayam begegnet.

Gott ist Liebe, und Gott ist Freude. Ein Leben voller Freude und Liebe leben, das ist der Weg zu Gott, der Weg zu unvergänglicher Liebe, das ist es, was Sai Baba mir immer wieder zeigt, und das ist auch der Inhalt dieses Buchs.
Jeder, der mit offenem Herzen seine Worte liest, wird die göttliche Botschaft empfangen.

Einleitung

von Ute Prema Kanthak

Wenn es für mich einen Zeitpunkt in meinem Leben gab, an dem ich Veränderung oder Hilfe nötig hatte, dann war es der 25. August 1994. Ich befand mich in einem Zustand unendlicher Verzweiflung und Trauer. Immer wieder drängten sich mir Gedanken auf, die mir alle Hoffnung raubten. Ich wusste, es musste eine Veränderung in meinem Leben geben. Aber wie sollte die aussehen?
Es gab Momente, in denen ich nur den einen Wunsch verspürte – dieses Leben zu beenden. Ich befand mich in der schwersten Krise meines Lebens. Einzig der Gedanke, dass ein solches Ende für mich keine Lösung war, denn an Wiedergeburt glaubte ich damals schon, hielt mich davon ab.
Aber was sollte ich tun?
Ich fühlte mich wie ein Hamster im Tretrad. Ich wusste, die Grenze meiner Belastbarkeit war erreicht.
Ich musste abspringen von diesem Rad, sonst würde ich eines Tages nicht mehr die Kraft dazu aufbringen, den dunklen Gedanken zu widerstehen.
An diesem Tag hatte ich einen Termin bei einem Astrologen. Eigentlich hatte ich schon gar keine Lust mehr darauf, aber mein Verantwortungsgefühl, einen einmal vereinbarten Termin auch einzuhalten, führte mich zu ihm.
In dem folgenden zweistündigen Gespräch prägten sich mir zwei Sätze ganz besonders deutlich ein: »Du hast einen himmlischen Auftrag in deinem Horoskop«, und »Es ist deine letzte Chance, ihn zu erfüllen. Wenn du ihm nicht folgst, wird dein Körper sich auflösen. Du wirst Krebs oder sonst etwas bekommen.« Tief in mir wusste ich, dass es die Wahrheit war. Die Auflösung hatte bereits begonnen.
Als ich abends in meinem Bett lag, betete ich: »Lieber Gott, ich weiß, ich muss etwas ändern, aber ich weiß nicht wie, bitte

hilf mir!« Tränen rollten mir über die Wangen, und ich fühlte mich unendlich traurig.
Ich war nicht besonders religiös oder fromm. Es war einfach nur ein Hilferuf, wie Kinder ihn oft an Gott senden.
In der Nacht geschah etwas Merkwürdiges. Ich erwachte von meiner eigenen Stimme. Ich saß aufrecht im Bett und sagte immer wieder laut: »Herr, dein Wille geschehe!« Verwundert schaute ich mich um. Als ich merkte, dass ich es war, die das sagte, legte ich mich wieder zurück.
Aber der Gedanke, den ich ausgesprochen hatte, tröstete mich irgendwie. *Na wenn's denn sein muss, dann soll dein Wille geschehen.* Damit schlief ich ein.

Am nächsten Morgen fuhr ich zur Arbeit. Mein Weg führte mich über das Frankfurter Kreuz. Plötzlich flog ein Flugzeug sehr tief über mich hinweg. *Ich möchte mitfliegen,* dachte ich, *weg von allen Sorgen, weg von allen Ängsten, einfach weg, vielleicht nach Indien, zu einem Ort des Friedens.* Und in Gedanken begleitete ich das Flugzeug ein Stück weit.
Bei meiner Arbeitsstelle angekommen, erzählte ich meiner Kollegin davon. »Nach Indien wollen Sie? Da kenne ich eine, die fährt immer dorthin. Soll ich sie mal anrufen?« Verdutzt antwortete ich: »Oh ja, das wäre schön.« Sie telefonierte kurz und reichte mir den Hörer.
Eine offenbar junge Frau erzählte mir, dass sie am 10. Oktober nach Indien flöge, aber am Telefon ließe sich das nicht gut besprechen, ob sie nicht vorbeikommen könne?
Zwei Stunden später öffnete sich die Tür, und die junge Frau betrat unseren Laden. »Hallo, ich bin Beate, du willst also mit nach Indien? Ich fliege in den Ashram von Sai Baba.«
Sie sah mich mit strahlenden Augen an, noch nie hatte ich so strahlende Augen gesehen.
»Sai Baba, wer ist denn das?«, fragte ich. »Und was um alles in der Welt ist ein Ashram?«
Sie fing an zu erzählen, voller Begeisterung und Liebe. Sie erzählte mir, was sie erlebt hatte, und lud mich nochmals ein mitzukommen. »Welche Impfungen brauche ich?«, war meine nächste Frage. Erstaunt blickte sie mich an. »Impfungen? Du brauchst doch keine Impfung, wenn du zum lieben Gott gehst!«

Zum lieben Gott, dachte ich verwundert, *was für eine seltsame Antwort*. Sie spürte mein Erstaunen.
»Weißt du, ich habe dir ein Buch mitgebracht, lies es und dann entscheide, ob du mitfliegen willst.«
Lächelnd reichte sie es mir und verschwand.
Ich glaubte zu träumen. Nur, das Buch in meiner Hand und das Lächeln meiner Kollegin sagten mir, dass das alles kein Traum gewesen war.
»Zum lieben Gott«, murmelte ich verwirrt vor mich hin.
Abends im Bett nahm ich das Buch zur Hand: ZIEL ALLER REISEN von Phyllis Krystal. Ich öffnete es und begann zu lesen.
Es war wie ein Zauber, die Welt um mich versank, ich las und las und konnte gar nicht mehr aufhören. Erst als ich die letzte Seite gelesen hatte, wurde mir bewusst, dass es schon fast Morgen war.
Ich umarmte das Buch und wusste: *Dort will ich hin*. Ich wollte zu diesem Sai Baba, ich wollte nach Prashanti Nilayam, dem Ort des höchsten Friedens. Ich wollte *ihn* sehen.
Einen Tag überlegte ich noch, dann buchte ich acht Wochen Indien und sagte Beate, dass ich mitfliegen würde.

Von diesem Tag an, dem 25. August, bis zu meinem Abflug am 10. Oktober geschahen unglaubliche Dinge.
Alles, was mir in meinem Leben bisher schwergefallen war, wurde machbar, wovon ich geglaubt hatte, es niemals loslassen zu können, ließ ich mühelos hinter mir. Es war, als würde eine fremde Macht mir die erforderliche Kraft geben.
Ich löste meine Geschäfte auf, und es gelang mir, mich von Vorstellungen und Menschen zu trennen, die mich belasteten.
Ich wusste, wenn ich überleben wollte, musste ich mich befreien, auch von meiner Familie.
Ich war am Ende meiner Kraft, und heute weiß ich, dass ich mich für das Leben entschied.
Alle Hindernisse, die sich mir entgegenstellten, wurden auf wundervolle Weise gelöst, selbst als die Pest in Indien ausbrach, konnte mich das trotz vieler Warnungen nicht von meinen Plänen abbringen.
Wenn ich nicht fliegen sollte, dann musste schon der Flugverkehr eingestellt werden. Keine Macht der Welt konnte mich

mehr davon abhalten, diesen Weg zu gehen. Er wurde nicht eingestellt, am gebuchten Tag flog ich nach Indien. Als ich im Flugzeug saß, dachte ich: *Jetzt bist du 47 Jahre und endlich frei.* Ich empfand ein tiefes Glücksgefühl und unendliche Freude.

»Sai Baba ist in Whitefield.« Das war das Erste, was wir in Bangalore am Flughafen hörten.
Beate jubelte. »Na großartig, dann sind wir bald da und brauchen nicht drei Stunden mit dem Taxi nach Puttaparthi fahren, wo sein Hauptashram ist.«
Wir fuhren also nach Whitefield. Alles war für mich neu. Indien mit seinen wundervollen Menschen, seinen Gerüchen überwältigte mich. Ich versank in eine andere Welt.
Im Ashram bekamen wir ein Zimmer zusammen mit fünfzehn Frauen. Das Ashramleben nahm uns sofort gefangen.
Wir hatten gerade noch Zeit, uns vor dem Darshan etwas frisch zu machen, dann saß ich auch schon im Schneidersitz inmitten zahlreicher Menschen. Ringsherum warteten alle voller Spannung. Wir saßen in langen Reihen, Frauen und Männer getrennt, die Männer alle in Weiß, die Frauen wunderschön in Saris, mit Blumen geschmückt. Manche schrieben etwas in Hefte, wie ich später erfuhr, nur immer die Worte OM SAI RAM, manche lasen Bücher, andere saßen einfach mit geschlossenen Augen da, ein Lächeln auf dem Gesicht.
Plötzlich erklang Musik. »Swami kommt, Swami kommt!«
Ein Raunen ging durch die Menge, alle rückten noch ein Stück enger zusammen, um möglichst weit nach vorne zu gelangen.
Dann sah ich ihn.
Gemessenen Schrittes, in ein orangefarbenes Gewand gehüllt, barfuß. Er lächelte, bewegte die Hände, segnete, beugte sich zu den Menschen hinunter, nahm die hingestreckten Briefe entgegen. Langsam ging er durch die Reihen.
Menschen versuchten seine Füße zu berühren, versuchten seine Aufmerksamkeit zu erheischen. Immer wieder blieb er stehen, sprach mit ihnen, ab und zu standen auch einige auf und gingen in eine bestimmte Richtung.
»Swami, Swami«, hörte ich es um mich herum flüstern. »Wo gehen die Menschen hin?«, fragte ich Beate. »Sie gehen zum Interview«, antwortete sie.

Plötzlich näherte er sich uns, wieder rutschten die Menschen ein Stück näher zusammen, aber kurz bevor er unsere Reihe erreichte, drehte er sich in die andere Richtung.
Langsam schritt er auf einen Sessel zu und nahm Platz. Er lächelte und blickte nach allen Seiten. Stille legte sich über den Platz. Ein Mann begann zu singen. Bhajans, heilige Lieder, ertönten die nächste halbe Stunde, Lieder in einer fremden Sprache. »Sanskrit«, sagte Beate. Es klang unvertraut, aber sehr schön. Voller Begeisterung sangen und klatschten die Menschen in meiner Umgebung. Das Ganze endete mit einer Feuerzeremonie, dem Arati. Sai Baba verließ, so langsam, wie er gekommen war, den Platz.
Nach einiger Zeit erhoben sich die Menschen und verließen den Bereich des Tempels. Ich hatte meinen ersten Darshan erlebt.

Die Zeit, die ich nun durchlebte, veränderte mein Leben. Es begann eine Reise zu mir selbst. Ich fühlte die Verbundenheit mit den Menschen, ich spürte ihre Liebe zu Sai Baba.
Alle waren gekommen, um hier etwas zu finden, etwas zu erkennen. Viele kamen schon jahrelang, andere waren wie ich das erste Mal hier, und ihre Nationalitäten waren so vielfältig wie die Gründe für ihre Suche.
Ich erlebte Tage des höchsten Glücks und Tage unendlicher Trauer. »Du wirst durch Swamis ›Waschmaschine‹ geschleudert«, so lautete der Kommentar meiner Umwelt. Aber eines war mir immer bewusst: seine Liebe, seine Gegenwart, die Präsenz seines Seins in mir und um mich herum.
Ich hatte das große Glück, drei Interviews zu erleben, und sie machten es mir möglich, seine unmittelbare Gegenwart zu erfahren.
Das erste Interview bekam unsere gesamte Gruppe am vierten Tag meines Aufenthalts. Es war ein großartiges Erlebnis, es zeigte uns seine Liebe und sein Verständnis. Viele persönliche Dinge besprach er mit uns. Er wusste Einzelheiten aus meinem Leben, die er eigentlich nicht wissen konnte, und bot mir Hilfe für meine körperlichen Probleme an. »I will help you«, sagte er zu mir.
Vier Tage nach diesem Interview bekamen wir das zweite. Es veränderte mein Leben noch massiver. Es geschah nicht im

Außen, sondern in mir und brachte mir die unmittelbare Erfahrung, dass Gott mich liebt.
Ich saß mit elf anderen im Interviewraum. Baba befand sich mit einem indischen Ehepaar nebenan. Ich saß auf der Erde und spürte, wie mir Tränen über die Wangen liefen. Es waren nicht Tränen der Trauer, sondern Tränen der Freude. Ich spürte, dass sich etwas in mir auflöste, und mir war, als würden aller Schmerz, alle Trauer in mir fortgeschwemmt.
Die Tür öffnete sich, und Sai Baba betrat den Raum. Plötzlich entstand in mir die Gewissheit, hier ist jemand, der dich liebt, ganz egal, was oder wie du bist, bedingungslos. Er liebt dich, weil du *du* bist.
Ich begriff, wenn ich nur einen Schritt auf ihn zugehe, kommt er mir tausend Schritte entgegen.
Damals wusste ich noch nicht, dass es genau so einen Ausspruch von ihm gibt: »Gehst du nur einen Schritt auf mich zu, komme ich dir tausend Schritte entgegen.«
Ich begriff, dass ich diesen Raum nicht mehr als derselbe Mensch verlassen würde, als der ich ihn betreten hatte.
Tiefer Friede breitete sich in mir aus, ein Friede, der mich bis zum heutigen Tag nicht mehr verlassen hat. Das war sein Geschenk an mich. Die Gespräche und die Zuwendung, die er jedem in diesem Raum gab, waren ein ergreifendes, wundervolles Erlebnis. Dieses Interview war für mich der Anfang eines neuen Lebensabschnitts.
Am Ende trat er noch einmal ganz nahe zu unserer Gruppe, sein Blick begegnete meinem, und lächelnd fragte er mich: »What do you want?« Ich wollte nichts, ich hatte doch schon so viel bekommen. Er hob die Hand und sagte: »Come here«. Ich erhob mich und ging zu ihm, demütig sank ich vor ihm auf die Knie.
Ich durfte seine Füße berühren, und er segnete mich. Es war wie in einem Traum, er schaute mich an und lächelte. Er machte eine Bewegung mit seiner Hand, und plötzlich lag dort ein Ring, den er materialisiert hatte, ein goldener Ring mit drei Diamanten. Er nahm meine rechte Hand und streifte den Ring über meinen Ringfinger. Er klatschte in die Hände und freute sich, dass der Ring, wie er sagte, korrekt saß.
»Ich sehe dich in Puttaparthi«, sagte er zum Abschied.

Und wirklich, vierzehn Tage später in Puttaparthi, dem Hauptashram von Sai Baba, drei Stunden von Bangalore entfernt, bekam ich das dritte Interview.
Auch dieses war wieder eine wundervolle Gruppenerfahrung, die ich gemeinsam mit Leela und anderen Menschen, mit denen ich heute noch verbunden bin, machen durfte.
Die Gemeinschaft mit den Menschen im Ashram half mir sehr. Ich traf großartige Menschen, die alle wie ich auf der Suche waren, und ich schloss Freundschaften, die mir halfen, meinen Weg zu finden.
Ich lernte, dass es wichtigere Dinge im Leben gibt als das, was ich bis jetzt für wichtig gehalten hatte, dass einem alles Materielle genommen werden kann, dass alles, was im Außen ist, nichts mit wahrem Glück zu tun hat.
Glück und Zufriedenheit kommen von innen.

Die Reise zu mir selbst war eine der schwierigsten und manchmal auch schmerzhaftesten Erlebnisse in meinem Leben. Ich kann nicht in Worte fassen, was damals in mir geschah. Vieles ist mir auch heute noch unverständlich, aber ich spürte, dass sich etwas Wesentliches ereignete, und ich ließ zu, dass es mein Denken und meine Sichtweise veränderte, und fühlte, dass es gut für mich war.
Es war, als wenn eiserne Ringe, die um mein Herz lagen, gesprengt würden, einer nach dem anderen.
Ich öffnete mich der Liebe, der göttlichen Liebe, und in mir vollzog sich die Heilung uralter Wunden.
Oft saß ich im Darshan, stellte in meinem Herzen Fragen an Sai Baba und bat um Klärung, Auflösung.
Ich bekam Antworten, manchmal durch die Begegnung mit Menschen, dann wieder durch Bücher oder einfach durch seine Blicke, seine Gegenwart.
Jeder Darshan war anders, oft war ich ihm sehr nahe, doch manchmal schuf ich durch meine Gedanken auch Distanz zu ihm. Ich schaute mich um und dachte: *Was machst du hier, Ute Kanthak, bist du denn total verrückt geworden? Sitzt hier bis zu sieben Stunden am Tag in einem indischen Ashram, zehntausend Kilometer von Zuhause entfernt, und wartest darauf, dass zweimal am Tag ein oranger Punkt vorbeigeht.*

Ich verstand mich oft selbst nicht mehr. Doch dann blieb er wieder vor mir stehen, lächelte, und ich fühlte diese Liebe und wusste, es ist gut, dass ich hier bin.

Sieben Wochen lang wohnte ich mit 250 Frauen im Shed, einer großen Halle mit Betonboden. Das bedeutete, sich auf ein Minimum zu beschränken, sich anzupassen, zurückzunehmen. Der persönliche Lebensraum ist auf zirka drei Quadratmeter reduziert, es gibt kaum eine Privatsphäre.
Ich lag oft auf meiner Matratze, schaute in ein Gewirr von gespannten Leinen, an denen Tücher und Decken den Raum, den wir bewohnten, abtrennten, und fühlte mich unendlich glücklich, geborgen und frei. Ich dachte oft: *Hier liegst du, tausende von Kilometern von zu Hause entfernt, auf einer einfachen Liege, nur mit dem Nötigsten versehen, und bist glücklich. Zuhause hast du eine große Fünf-Zimmer-Wohnung, alles, was unsere westliche Zivilisation zu bieten hat, und warst unendlich traurig.*
Wie konnte ich hier, nur für mich allein, glücklich sein? Ja, ich hatte nur mich, aber ich hatte mich wiedergefunden, nach einer langen Zeit der Suche war ich nach Hause gekommen, nach Hause zu mir selbst.
Das war das Wichtigste, und ich bin noch heute unendlich glücklich darüber, dass ich diesen Weg gehen durfte. Jeden Tag im Darshan betete ich um Ruhe und Frieden, betete darum, dieses Geschenk nach Deutschland mitnehmen zu dürfen.

Diese fünf Monate in Indien waren eine wundervolle Zeit, in der ich viel durch Sai Babas Lehren lernte, viel durch die Menschen dort und auch durch meine Freundin Kamala, die ich am ersten Tag in Whitefield kennengelernt hatte und mit der ich auch heute noch besonders verbunden bin. Ihr verdanke ich das Verständnis der indischen Götter. Ihre Geschichten über sie halfen mir, die Inder und ihre Religion zu verstehen, und ich danke allen Menschen, die mich in dieser Zeit begleiteten und mir über viele schwierige Momente hinweghalfen.
Aber irgendwann musste ich zurückkehren zu meiner Familie, und das machte mir Angst.
Wieder erwies sich diese Angst als unnötig. Kurz vor meiner Rückkehr betete ich in der Abendmeditation im Tempel: *Lieber*

Gott, hilf mir, lass mich Frieden mit nach Hause nehmen. Plötzlich hörte ich eine Stimme, ganz deutlich, so deutlich, dass ich mich umdrehte, weil ich dachte, es spricht jemand hinter mir. Aber die Stimme sprach in mir: »Habe keine Angst, mein Kind, ich beschütze dich, OM SAI RAM.«
Ich fühlte, wie sich eine tiefe Ruhe in mir ausbreitete, Tränen der Dankbarkeit liefen mir über die Wangen. Ich fühlte mich beschützt und wusste, alles wird wieder gut.
Am 3. März 1995 flog ich nach Hause, mein 48. Lebensjahr konnte als Neugeburt beginnen.

In der Nacht zum 13. März 1995 geschah etwas sehr Merkwürdiges. Ich wachte von einer inneren Energie getrieben auf, es war 2.45 Uhr. Ich war unruhig.
In mir waren immer wieder die gleichen Worte, es war wie ein Spruchband, das vor meinem inneren Auge ablief, immer das Gleiche.
Ich stand auf, ging zu meinem Schreibtisch, nahm einen Zettel und schrieb auf, was ich hörte. Neue Worte formten sich, und ich schrieb immer weiter.
Nach einiger Zeit wurde die Energie schwächer, und sie schloss mit den Worten, die ich im Tempel von Prashanti Nilayam gehört hatte: »Habe keine Angst, mein Kind, ich beschütze dich. OM SAI RAM.«
Ich begab mich ins Bett und schlief weiter. Als ich am Morgen erwachte, erinnerte ich mich an das Erlebnis, ging zu meinem Schreibtisch und las die Worte.
Ich war zutiefst verwirrt. Es war dieselbe Energie gewesen, die ich in Babas Nähe gespürt hatte. Aber Durchsagen von Sai Baba? Das fand ich denn doch etwas vermessen.
Ausgerechnet ich, und warum überhaupt?
Doch von nun an kam jede Nacht eine weitere Durchsage, es waren Worte der Liebe, und ich wusste bestimmt, es waren nicht meine Worte. Es waren Botschaften *seiner* Liebe an die Menschen hier im Westen.
Ich war unsicher, wollte nichts Falsches verbreiten. Seine Liebe, seine Lehren waren mir zu wichtig. Ich gab Freunden Briefe mit nach Indien, in denen ich nur eine einzige Frage stellte: *Swami, sind die Botschaften von dir?* Er nahm alle Briefe sofort an sich.

Ich las die Durchsagen in unserem wöchentlichen Heil- und Lichtkreis vor, und die Menschen waren berührt, sie spürten die Liebe, die durch diese Botschaften floss.
Also stand ich weiter jede Nacht auf und war jeden Morgen aufs Neue tief bewegt. So ging es Wochen und Monate.

Schließlich kam der 5. September 1995, und in dieser Nacht erwachte ich sehr aufgeregt, denn eine andere Energie hatte mich geweckt.
Mein Herzschlag raste, und ich fühlte Beklemmungen. Ich stand auf und ging wie immer an meinen Schreibtisch, um die Botschaft aufzuschreiben. Es meldete sich ein Wesen von einer anderen Sternenkolonie.
Zuerst war ich beunruhigt, doch mit Hilfe des unbekannten Einflusses legte sich meine Unruhe, und am Ende der Durchsage veränderte sich die Energie in die mir vertraute Schwingung, Swamis Energie.
Einige Zeit war ich mir nicht sicher, ob ich diese Botschaften mit in sein Buch aufnehmen sollte, aber ich meine, auch sie gehören hierher, denn sie wurden immer mit OM SAI RAM beendet und tragen Swamis Stempel. Sie betreffen die neue Ordnung.
Das ist mein Gefühl und ich hoffe auch Swamis Wille.
Herr, dein Wille geschehe.

Diese Zeit war nicht immer einfach für mich. Abgesehen von der Schlafunterbrechung, an die ich mich bald gewöhnte, hatte ich immer wieder Zweifel, was die Authentizität meiner Gefühle und Durchsagen anbelangte, und ich möchte hier besonders zwei Menschen danken, die mich stets aufmunterten und unterstützten: Leela und Margarethe. Sie halfen mir sehr, aufkommende Ängste und Zweifel loszulassen.
Ihre morgendlichen Anrufe: »Gab es heute Nacht eine Durchsage?«, und ihr unerschütterlicher Glaube an ihre Echtheit gaben mir Kraft und Zuversicht.
Aber ich wollte Gewissheit von Sai Baba selbst. So machte ich mich mit Leela und Margarethe im Oktober 1995 wieder auf den Weg nach Indien. Wir wollten an seinem 70. Geburtstag dabei sein und Bestätigung bekommen.

Ich nahm die Botschaften, die Leela abgeschrieben und sorgfältig abgeheftet hatte, jeden Tag mit in den Darshan. Doch wir bekamen kein Interview. Obwohl wir oft in der ersten Reihe saßen, ging er einfach lächelnd an uns vorbei.
»Schreib doch mal einen Brief, er segnet das Buch vielleicht erst, wenn es ganz fertig ist«, wurde mir geraten.
Vom 4. auf den 5. November war Akandha-Bhajan-Singen, es wurde also von 6 Uhr abends bis zum nächsten Abend 6 Uhr zum Lobe des Herrn gesungen. Ich war von 18 bis 22 Uhr dort, dann ging ich schlafen.
Um halb drei Uhr morgens weckte mich die mir vertraute Energie, und es kam nur ein einziger Satz: »Warum lobpreist du nicht den Namen des Herrn?«
Ich verstand, was ich tun sollte, zog mich an und ging in den Tempel zum Singen. Ich bekam einen guten Platz in der zweiten Reihe, unmittelbar in der Nähe des Tores, durch das Sai Baba täglich den Tempel betritt. Um 7 Uhr morgens kam er, und ich streckte ihm meinen Brief entgegen.
Der Brief enthielt folgende Bitte: *Lieber Swami, bitte erlaube mir, deine Durchsagen in Form eines Buches zu veröffentlichen. Wenn du diesen Brief nimmst, habe ich dein Einverständnis. In Liebe, Ute-Prema.*
Er ging an meiner Reihe vorbei, er nahm Briefe links von mir, ging vorbei, nahm Briefe rechts. Ich war traurig und dachte: *0 Swami, der Brief bedeutet mir so viel, ich will nichts tun, was nicht deinem Willen entspricht.*
Er war schon ein Stück entfernt, da drehte er sich um, schaute mich an, lächelte zurück, streckte mir seine Hand entgegen und nahm den Brief.
In dem kurzen Augenblick, als unsere beiden Hände den Brief berührten, wusste ich, es ist sein Wille.
Tränen der Dankbarkeit stiegen in mir auf, Dankbarkeit, dass ich seine Liebe weitertragen darf.

So mancher Leser, der dieses Buch in der Hand hält, mag Zweifel haben. Ich kann das gut nachempfinden. Wenn mir jemand vor zehn Jahren gesagt hätte, dass ich einmal in einem indischen Ashram sitzen würde, um eins zu sein mit mir und Gott, den hätte ich schlichtweg für verrückt erklärt.

Aber wie wunderbar sich für mich alles zum Besseren gewendet hat seit dem Tag, als Sai Baba in mein Leben trat, das ist so gewaltig, dass ich nur jeden einladen kann, sich einzulassen auf das Göttliche.
Oft habe ich vor seinem Bild gesessen und gefragt: »Bist du Gott?« Die Antwort, die für mich kam, war: »Er ist Liebe.« Ich glaube heute, dass Sai Baba eine Manifestation des Göttlichen auf unserer Erde ist.
Ich danke Sai Baba für die unendliche Liebe und Gnade, die ich durch ihn erfahren durfte. Ich danke ihm, dass er mir geholfen hat, meinen Weg zu finden, und ich danke für seine Gegenwart auf dieser Erde, denn er hat mich tief in mir erfahren lassen:

GOTT IST LIEBE

Botschaften der Liebe

gesandt

durch die Gnade des höchsten Seins

Sathya Sai Baba

13.03.1995 ~ 2.45 Uhr

Du brauchst dich nicht klein zu machen, du bist nicht klein. Lebe meine göttliche Liebe.
Frage nicht, was gestern war, sondern benutze jeden Tag, um neu anzufangen. Jeder Tag birgt die Stunde des Neubeginns in sich.

ॐ *HABE KEINE ANGST, MEIN KIND, ICH BESCHÜTZE DICH.*
OM SAI RAM

14.03.1995 ~ 2 Uhr

Lasse dich nicht aus den Angeln heben. Folge den Regeln meiner göttlichen Liebe, folge den Schwingen des Adlers, und du wirst frei sein. Deine Liebe ist unendlich, höre auf dein Herz und folge dem Ruf deiner Seele.
Mache dich frei und fliege in die unendlichen Weiten deiner unendlichen und grenzenlosen Liebe.
Höre nur – aber auch nur – auf dein Herz. Es wird dich von allen Zweifeln befreien.
Folge dem Weg meiner göttlichen Liebe, und ich spreche dich frei.

ॐ *HABE KEINE ANGST, MEIN KIND, ICH BESCHÜTZE DICH.*
OM SAI RAM

15.03.1995 ~ 3 Uhr

Die Welt öffnet sich nach allen Seiten. Wenn es nicht gelingt, meine göttliche Liebe zu verbreiten, werdet ihr untergehen. Öffnet die Herzen der Menschen.

Meine göttliche Liebe wird die erretten, die mir folgen. Mache die Wege offen, die göttliche Gnade wird es dir danken.
Unendliche Weiten werden deinen Flug begleiten.
Die Unendlichkeit des Universums wird sich für dich öffnen.

ॐ *Habe keine Angst, mein Kind, ich beschütze dich.*
OM SAI RAM

18.03.1995 ~ 2.30 Uhr

Alle Menschen dieser Erde müssen erkennen, dass ihr Tun ein Ende haben muss. Verändert eure Lebensweise, öffnet euch für die göttliche Liebe.
Die Welten sind in Bewegung, helft die Erde zu retten. Meine Liebe wird euch dabei helfen. Haltet euch an meine Lehren, tut Gutes und habt Mitgefühl für den Nächsten.
Öffnet euren Heilkreis, trefft euch wöchentlich, lasst eure Liebe über die Erde fließen.
Ihr werdet unendliche Kräfte entwickeln, wenn ihr euch für mich öffnet.
Folgt meinem Rat und beginnt mit der Arbeit.

ॐ *Habe keine Angst, mein Kind, ich beschütze dich.*
OM SAI RAM

19.03.1995 ~ 2.30 Uhr

Die Worte, die du empfängst, sind meine unendliche Gnade. Ich will, dass du erkennst, wie verbunden wir sind. Ich brauche alle, die meinen Segen empfangen haben, zur Rettung dieses Planeten. Ich liebe euch, ich will euch erretten.
Folgt dem Ruf meiner unendlichen Liebe, und ihr werdet gerettet werden.
Die Völker der Welt müssen erkennen, dass nur meine Liebe sie erretten kann. Habt Vertrauen, und alles wird gut. Diese Botschaft ist eine unendliche Gnade, befolgt ihren Ruf.
Öffne dich für mich. Meditiere und höre auf deine innere Stimme. Ich sende dir meine Liebe auf diesem Wege, so dass du erkennst und meinen Auftrag erfüllst.

Deine Aufgabe wird sein, meine göttliche Liebe zu verbreiten und die Unendlichkeit meiner Güte. Höre auf den Ruf meiner Stimme, ich helfe dir, sie zu erkennen.

ॐ *Habe keine Angst, mein Kind, ich beschütze dich.*
OM SAI RAM

20.3.1995

Öffnet euren Heilkreis, breitet den Teppich meiner Liebe über die Welt. Donnerstag ist ein guter Tag.

ॐ *Ich liebe euch.*
OM SAI RAM

21.03.1995 ~ 3.30 Uhr

OM NAMAH SHIVAYA, OM NAMAH SHIVAYA
Von mir kommt alles, zu mir geht alles.
Der Kreis schließt sich bei mir.
OM ist das Wort, aus dem alles kommt.
Lasset diesen Urlaut über die Erde klingen.
Der Herr ist mit denen, die seinem Laut folgen.

ॐ *Habe keine Angst, mein Kind, ich beschütze dich.*
OM SAI RAM

22.03.1995 ~ 2.30 Uhr

Habe keine Angst, ich bin bei dir alle Zeit. Die Worte, die ich zu dir spreche, sind Worte der Liebe, und ich will dir zeigen, dass du immer in meiner Nähe bist. Folge meinen Lehren, und du wirst Liebe in die Welt bringen.
Die Aufgaben, die ein Mensch im Leben hat, sind unterschiedlich. Deine Aufgabe wird es sein, zukünftig in meiner Liebe zu leben. Ich habe erkannt, dass du bereit dazu bist.
Gottes Wege sind nicht immer bequem, aber am Ende sind sie die Wege, die dich zur Erfüllung führen.
In dieser Welt ist nichts von Dauer, außer meiner göttlichen Liebe und Gnade.

Ute, ich werde jetzt einige Zeit nicht zu dir sprechen, habe keine Angst. Ich verlasse dich nicht. Beginnt mit eurer Arbeit, und ich werde erkennen, wie wertvoll eure Hilfe ist.
Eure Hingabe wird mein Glück sein. Eure Hingabe wird helfen, dass die Veränderungen Bestand haben werden. Eure Hingabe wird dazu dienen, dass alles, aber auch alles, bereit wird für die Umwandlung.
Habt keine Angst, nicht Trauer, sondern Freude wird euch erfüllen, wenn der Tag gekommen ist.
Tausende werden sich mit euch verbinden. Die Woge der Liebe wird über die Erde fließen. Die Verbundenheit und Brüderlichkeit wird sich erhöhen. Euer Leben wird sich verändern. Die Welten werden sich öffnen – die Vereinigung des Universums wird kommen.
All eure Kraft, all eure Liebe wird dazu benötigt.
Habt Vertrauen, beginnt mit der Arbeit, und ihr werdet merken, wie eure Liebe sich potenziert.
Ute, vor dir liegt ein erfülltes Leben, du wirst viel Freude und Liebe erfahren. Gib sie weiter und erfülle deine Aufgabe.

ॐ *HABE KEINE ANGST, MEIN KIND, ICH BESCHÜTZE DICH.*
OM SAI RAM

25.03.1995 ~ 2.35 Uhr

Achte auf deine Lebensweise, verändere dein Leben. Meditiere, achte auf deine Ernährung, achte auf deinen Körper. Deine Gesundheit ist dein höchstes Gut. Dein Körper ist mein Tempel. Pflege ihn gut. Halte dich an meine Regeln, und dein Leben wird erfüllt werden.
Versuche jeden Tag eine meiner Kardinaltugenden zu leben. Bereite dich auf ein Leben voller Liebe vor. Mache jeden Tag meine Lichtmeditation.
Ich helfe dir, das bedeutet aber nicht, dass du keine Verantwortung mehr hast. Esse viel Gemüse und weniger Brot und Teigwaren, esse mehr Getreide wie Dinkel und andere naturbelassene Produkte. Wenn du meditierst, schicke am Ende immer Licht über die Welt.
Euer Heilkreis war sehr gut, macht weiter so, öffnet ihn.

Ute, du bist bereit, meine Botschaften zu empfangen, auch in der Nacht. Ich danke dir.

ॐ *HABE KEINE ANGST, MEIN KIND, ICH BESCHÜTZE DICH.*
OM SAI RAM

Deine Liebe ist wie kostbarer Nektar, verschwende ihn nicht, und er wird sich erneuern, all deine Liebe.

28.03.1995 ~ 12.15 Uhr

Alles, aber auch alles, kommt von mir.
Alles, aber auch alles, geht zu mir.

Glaubt nicht, dass auch nur irgendetwas auf diesem Planeten ohne Grund geschieht. Alle Handlungen, alles Tun wird euch irgendwie wieder zugeteilt. Darum verändert euer Leben.
Der Tag meiner Zuteilung wird kommen.
Verbündet euch mit den Gedanken der Liebe. Alle Welt wird erkennen, dass die Liebe der einzige Weg ist, zu überleben.
Darum handelt, verändert euch, und alles wird gut.
Helft bei der Umwandlung, helft zu erkennen. Haltet Ohren und Augen geöffnet.

ॐ *HABE KEINE ANGST, MEIN KIND, ICH BESCHÜTZE DICH.*
OM SAI RAM

29.03.1995 ~ 3 Uhr

Ute, ich weiß, dass du müde bist, aber ich will dir auf diesem Wege eine Meditation für die Erde sagen.
Euer Heilkreis muss sehr mächtig werden. Die Verstärkung eurer Energie erreicht ihr dadurch, dass ihr euch geistig verbindet. Schafft eine Verbindung über eure geistigen Gedanken und dann über euer Herzchakra.
Lasst die Energie einige Zeit zwischen euch fließen. Bittet mich um Hilfe. Danach verbindet euch mit dem Universum. Breitet die Energie langsam über alle Menschen aus, lasst die Energie fließen. Betet dazu, jeder auf seine Weise. Betet, dass die Erde eure Energie aufnimmt, dass die Menschen, die ihr liebt und

die krank sind, diese heilende Energie empfangen. Dass alle Menschen, Tiere, Pflanzen, Feenwesen und Devas diese Energie empfangen und sich eurem Energiefeld anschließen. Bittet alle Engel, euch zu helfen, diese Energie aufrechtzuerhalten.
Singt OM NAMAH SHIVAYA OM NAMAH SHIVAYA, solange ihr diese Energie fließen lasst. Dann sammelt eure eigene Energie wieder ein und lasst die zu viel entstandene Energie weiter über die Erde fließen.
Beendet die Meditation wie gewohnt.

ॐ *Ich danke euch.*
OM SAI RAM

Schlafe weiter, mein Kind, ich danke dir.
Habe keine Angst, mein Kind, ich beschütze dich und alle Menschen, die dir nahe stehen.

30.03.1995 ~ 1 Uhr

Breite den Teppich der Liebe über die Erde. Fange bei deiner Familie an. Du solltest nicht zornig sein.
Deine Aufgabe ist es, meine Liebe zu leben. Ich weiß, es ist eine große Herausforderung, aber ich weiß, du kannst es. Du hast diese meine Liebe in dir. Habe keine Angst, den Ansprüchen nicht gerecht zu werden. Du hast alles in dir.
Beginne den Tag mit Liebe, beende den Tag mit Liebe, das ist der Weg zu Gott.
Meine Liebe ist allzeit bei dir.
Liebe ist dein natürlicher Zustand. Wenn du erst einmal begriffen hast, wie einfach es ist zu lieben, wirst du gar nichts Besonderes mehr dabei finden, deine Liebe fließen zu lassen.
Jetzt kann ich anfangen, die Menschen dazu zu bringen, sich zu verbinden. Überall gibt es Menschen, die meine Liebe leben, verbindet euch, und ihr werdet unendlich stark sein.
Jeden Tag wird euch jemand über den Weg laufen, der Liebe braucht, öffnet euch und findet ihn, und keine Angst, die Anforderungen sind nicht zu hoch. Alles wird bereit sein, macht euch keine Sorgen. Ich verlange von keinem mehr, als er bereit ist zu geben.

Aber du wirst sehen, wenn du erst einmal verstanden hast, ist es dein natürlicher Zustand.

ॐ *Habe keine Angst, mein Kind, ich beschütze dich.*
OM SAI RAM

31.03.1995 ~ 2.30 Uhr

Ich danke euch für euren Heilkreis, er war voller Energie.
Die Wogen eurer Liebe waren sehr wohltuend.
Friede sei mit dir und allen Menschen, die an diesem Heilkreis teilnehmen. Meine unendliche Liebe wird bei euch sein.
Ute, deine Gedanken sind heute sehr abschweifend. Lerne, deine Gefühle zu kontrollieren.
Du bist ein wunderbarer Mensch, lerne deinen Wert schätzen, und du wirst nicht in diese Höhen und Tiefen fallen.
Konzentriere dich auf mich, und du wirst frei sein. Dein Weg ist der Weg der Liebe für alle Menschen, darum konzentriere dich nicht nur auf einen.
Lasse die Liebe fließen, und deine Unruhe wird vergehen.

ॐ *Habe keine Angst, mein Kind, ich beschütze dich.*
OM SAI RAM

01.04.1995 ~ 3 Uhr

Liebe ist ein Geschenk Gottes. Wenn zwei Menschen sich in Liebe zugetan sind, erfreut es mich. Sie müssen dieses Geschenk voller Dankbarkeit annehmen. Menschen, die sich in Liebe zugetan sind, empfangen durch ihre Liebe den Segen des Herrn.
Nun glauben viele, dass Liebe etwas Selbstverständliches ist, und gehen oft nicht sorgsam damit um. Sie verwechseln Liebe mit Liebelei.
Aber ich sage euch, wer mit der Liebe eines anderen Menschen nicht sorgsam umgeht, wer meint, ständig mit der Liebe des anderen spielen zu können, wer nicht lernt, Liebe als mein Geschenk zu erkennen, den wird mein Zorn ereilen. Darum überlegt euch gut, ob ihr Liebe und Treue brecht. Ihr schafft

euch mit diesen Spielen schlechtes Karma. Ihr werdet im nächsten Leben die Konsequenzen für euer Handeln erdulden müssen. Menschen, die sich in Liebe und Treue verbunden fühlen, erfreuen mein Herz. Glaubt nicht, dass ich nicht unterscheiden kann.
Öffnet euch, seid dankbar, dass ihr euch gefunden habt. Eure Liebe ist ein Quell, haltet sie frei von Unrat. Schenkt sie euch, und sie wird fließen und euch beglücken. Seid dankbar, dass ihr euch wiedergefunden habt.
Vergesst nie, welche Lektion ihr lernen solltet. Nehmt eure Liebe als mein Geschenk an euch. Seid dankbar und lebt sie für mich.
Die Gnade des Herrn ist mit denen, die seinem Weg folgen.

Habe keine Angst, mein Kind, ich beschütze dich.
OM SAI RAM

Alles Liebe, alles eins.
Alles Liebe, alles Gott.

03.04.1995 ~ 3 Uhr

Ein Tag in deinem Leben kann ein Spiegel deines ganzen Wesens sein. Darum nutze die Chance zu erkennen.
Jeden Abend, bevor du einschläfst, lasse den Tag in deinem Innern vorbeiziehen, schau dir alles genau an. Lerne aus allem, was passiert ist, nimm das Gute und das Unangenehme dankbar an. Lerne aus beidem. Wenn du etwas nicht verstehst, bitte mich um Hilfe, ich werde dir Klarheit verschaffen. Schau alles an, und du lernst mehr über dich, als alle Psychologen dir über dich sagen können.
Ein Tag in deinem Leben kann der Spiegel deines ganzen Wesens sein.
Wenn du dies erkennst, wenn du die Bereitschaft hast, aus allem etwas zu lernen, dann benutze den Tag als Spiegel. Beschließe ihn mit einem Gebet, und ich werde die Nacht dazu benutzen, dir Erlösung zu schenken.

Habe keine Angst, mein Kind, ich beschütze dich.
OM SAI RAM

04.04.1995 ~ 4 Uhr

Öffnet euch für die große Evolution. Seid bereit für die Umwandlung. Es wird kommen der Tag meines jüngsten Gerichts. Von dannen er kommen wird, zu richten die Lebendigen und die Toten. Nicht Rache, sondern richten ist damit gemeint. Die Menschheit glaubt weiterhin, in ihrem Tun fortfahren zu können, aber ich bin gekommen, diesem Tun ein Ende zu bereiten. Die Zeit ist gekommen, ich brauche Menschen, die guten Willens sind. Die Erde hat genug gelitten! Immer wieder und immer wieder habe ich euch Zeichen gegeben, aber ihr wolltet nicht hören. Darum habe ich mit der Umwandlung begonnen. Ich bitte euch, helft mir bei der Umwandlung.
Haltet euch bereit. Menschen, die meine Lehre befolgen, Menschen, die meine Liebe empfangen haben, sind in der Lage, durch die Kraft der Liebe alles zu bewirken.
Liebe ist die stärkste Kraft auf Erden. Immer wieder und immer wieder habe ich Menschen auf die Erde geschickt, die euch Zeichen geben sollten. Aber was habt ihr daraus gemacht? Ihr habt sie gequält, ihr habt sie gefoltert, ihr habt sie getötet und gekreuzigt. Nun soll euer Tun ein Ende haben.
Ich sage euch, die nicht erkennen werden, die immer noch glauben, mich spotten zu müssen, denen wird der Tag des jüngsten Gerichts wenig Freude machen.
Ich gebe ihnen eine letzte Chance, meine Liebe zu erkennen. Darum sollt ihr Liebe über diesen Planeten schicken. Alle diejenigen, die guten Willens sind, haben Gelegenheit, diese Liebe aufzunehmen.
Darum ist es mir unsagbar wichtig, dass ihr diese Arbeit tut. Helft, diesen Planeten zu retten. Die Liebe des Herrn ist mit euch. Helft alle, die ihr meinen Segen empfangen habt. Keiner soll sagen, er hätte keine Chance zu erkennen. Aber die Chance muss auch genutzt werden. Irgendwann hat auch meine große Geduld und Gnade ein Ende.
Kinder des Lichts, Kinder der Liebe, wartet auf mein Zeichen. Ich liebe euch. Alle, die meiner Liebe und meinen Lehren folgen, werden ins Paradies eingehen.

ॐ *Habe keine Angst, mein Kind, ich beschütze dich.*
Om Sai Ram

05.04.1995 ~ 5 Uhr

Alles, aber auch alles, ist gut vorbereitet, habt keine Angst.
Die Welt wird diesen Quantensprung unbeschadet überstehen.
Die Botschaften haben nicht den Sinn, euch zu erschrecken, sie haben den Zweck, euch um eure Mithilfe zu bitten.
Liebe ist das Einzige, was wichtig ist. Liebe und Vertrauen.
Überall auf der Welt werden Menschen sich zusammentun, um diesen Planeten zu retten. Liebe wird helfen, die neue Ordnung aufzubauen.
Seid versichert, ich bin kein Gott der Rache. Ich bin ein liebender Gott. Habt Vertrauen, und ich werde bei euch sein alle Zeit.
Auf diesem Planeten Erde gibt es eine Kraft, die alles erreichen kann, und das ist eure Liebe.

ॐ *Habe keine Angst, mein Kind, ich beschütze dich.*
OM SAI RAM

06.04.1996 ~ 2 Uhr

Swami spricht zu dir, ich, Sai Baba, der Gott der Liebe.

07.04.1995 ~ 3.45 Uhr

Lasse dich nicht beirren, folge deinem Weg. Es ist der Weg zu mir. Meine göttliche Liebe wird deinen Weg begleiten.
Die Liebe, die du weitergibst, wird eine Veränderung bewirken.
Lass all deine Liebe fließen. Ich sage dir, Liebe ist das Einzige, was euren Planeten retten kann.
Ich will, dass ihr allen Menschen, die guten Willens sind, meine Botschaften mitteilt. Verzage nicht, auch die heute noch zweifeln werden erkennen. Manche Menschen sind mit Blindheit geschlagen. Vergeudet nicht eure Kräfte an sie. Jeder muss selbst erkennen. Erkennen, dass eure Liebe göttlich ist. Die Göttlichkeit ist das innerste Wesen eines jeden Menschen.
Ich schuf euch nach meinem Ebenbild. Nach meinem Ebenbild schuf ich euch. Wenn ihr doch nur erkennen würdet. Alle Offenbarungen sprechen davon, aber was macht ihr?
Immer sucht ihr im Außen! Sucht euch im Innern, und ihr werdet erkennen. Sucht mich in euch, und ihr werdet Frieden fin-

den. Den Frieden, den ihr so dringend braucht. Den Frieden, den die Erde so dringend braucht. Darum sucht in eurem Innern, und die Erde wird endlich Frieden finden.
Friede auf Erden und den Menschen ein Wohlgefallen, so lautete meine Botschaft. Aber ihr wolltet nicht hören. Nun habe ich begonnen, die Prophezeiung Wirklichkeit werden zu lassen. Darum ist es wichtig, dass alle Menschen, die guten Willens sind, den Weg zu mir finden. Euer Heilkreis ist ein Weg zu mir. Öffnet ihn, zeigt allen, dass der Weg zu mir nur ein Weg der Liebe und Zuneigung sein kann.
Der Weg zu mir ist der Weg des Lichts.
Darum arbeitet mit Licht und Liebe. Ich beschütze euch. Kinder der Liebe, Kinder des Lichts. Ich bin bei euch alle Zeit.
Ute, ich habe dir meine Liebe gezeigt, du hast sie empfangen. Hüte sie und bewahre sie. Du bist den Weg der Befreiung gegangen. Der Weg zu mir ist immer der Weg zu dir selbst.

HABE KEINE ANGST, MEIN KIND, ICH BESCHÜTZE DICH.
OM SAI RAM

08.04.1995 ~ 3 Uhr

Nimm dein Kreuz auf dich, so steht es geschrieben. Das bedeutet, nimm dein Schicksal an. Versuche nicht, dich davonzuschleichen, versuche nicht, dich vor der Verantwortung zu drücken. Im Leben ist nichts umsonst, alles was dir begegnet, will dir etwas sagen. Mehr noch, alles, was dir begegnet, ist ein Teil von dir. Freude, Schmerz, Leid, Kummer, selbst die Glückseligkeit. Alles ist in dir, und was machst du? Du läufst herum und suchst im Außen. Fangt an, in euch zu suchen.
Ute, du bist müde, schlafe weiter, mein Kind.

ICH BESCHÜTZE DICH.
OM SAI RAM

09.04.1995 ~ 2 Uhr

Euer Leben ist in Gottes Hand. Ich weiß, dass ihr glaubt, ihr selbst könnt über euer Leben bestimmen. Aber ich sage euch,

ihr habt zwar euren freien Willen, und was auch immer ihr tut, ich lasse es euch tun. Aber letztendlich bestimme doch ich, wie euer Leben verläuft.
Ich lasse euch schalten und walten. Ich sehe mir euer Tun immer wieder mit großer Geduld an.
Ich sah zu, wie ihr die Erde zerstörtet, ich sah zu, wie ihr euch gegenseitig zu Millionen vernichtetet, ich sah zu, wie ihr meinen Sohn ans Kreuz schlugt. Ich sah zu, wie ihr Tausende in den Flammen der Inquisition verbranntet. Immer, aber auch immer wieder sah ich euch zu. Sie werden lernen, sie werden erkennen. Aber was tatet ihr? Nichts!
Darum sage ich euch: Der Krug geht solange zum Brunnen, bis er bricht. Nun habe ich eurem Treiben lange genug zugeschaut. Ich sage euch, jetzt hat meine Geduld ein Ende.
Die Menschen, die guten Willens sind, die ihren Nächsten in Liebe zugetan sind, die das Leid auf dieser Erde immer wieder versuchen zu lindern, die sich selbst in Liebe zugetan sind, die helfen wollen, die neue Ordnung herzustellen, die sich abkehren von der Unmenschlichkeit, die meiner Liebe und meinen Lehren folgen, die werde ich bewahren.
Empfangt meine Liebe und helft mit, diesen Planeten zu retten.
Ihr werdet ein Zeichen empfangen.
Haltet euch bereit. Die Liebe des Herrn ist mit euch.

ॐ *HABE KEINE ANGST, MEIN KIND, ICH BESCHÜTZE DICH.*
OM SAI RAM

10.04.1995 ~ 1.50 Uhr

Das Leben ist ein großes Geschenk. Immer wieder habt ihr Gelegenheit, euch zu erklären. Ich gebe euch diese Chance.
Ihr müsst sie nur nutzen. Viele Leben habt ihr dazu.
Ein einziges Leben reicht aus, um all meine Herrlichkeit zu erkennen. Aber ihr wollt nicht erkennen.
Meine Liebe und Gnade trägt euch immer wieder, Gnade und Liebe, durch alle Leben. Im Auf und Ab der Zeiten könnt ihr vieles erleben, Freud und Leid.
Was immer beständig ist, ist meine Liebe. Sie ist immer für euch da, ihr braucht sie nur zu erkennen.

Der Strom der Liebe, der zu euch fließt, ist das Beständige zwischen uns. Erkennt, und ihr werdet glücklich sein. Denn Glücklichsein ist eure Aufgabe auf Erden. Nur dies will ich von euch. Doch ihr sucht das Glück im Außen.
Dabei ist alles so einfach, suche das Glück in dir, und du wirst glücklich sein. Alle Zeit. Suche das Glück in dir, das ist der beste Weg zu mir.

ॐ *HABE KEINE ANGST, MEIN KIND, ICH BESCHÜTZE DICH.*
OM SAI RAM

11.04.1995 ~ 3.15 Uhr

Meine Welt ist die Welt der Liebe, darum habe ich euch erschaffen. Liebe und Zuneigung sind für mich von unendlich großer Wichtigkeit. Nur wo Liebe ist, kann Zuneigung entstehen. Darum sorgt dafür, dass Liebe in eurem Herzen ist.
Du fragst: »Ja, aber wie entsteht Liebe? Was kann ich tun, dass ich ein liebender Mensch werde?«
Ich sage dir, du hast alles in dir. Du musst nur erkennen, dass Liebe dein natürlicher Zustand ist. Liebe heißt auch Vertrauen haben. Vertrauen in meine göttliche Kraft und Gnade. Vertrauen in deine Göttlichkeit.
Der Kern des menschlichen Zusammenseins sollte Liebe sein. Liebe ist dein natürlicher Begleiter. Darum warte nicht länger, versuche ein Leben in Liebe zu leben.
Lebe meine fünf Kardinaltugenden, und du wirst merken, wie dein Leben sich verändert.
Lerne dich kennen, höre auf deine innere Stimme, und du wirst frei sein. Liebe wird bei dir einziehen, und du wirst ein glücklicher Mensch werden.
Glücklichsein ist eure Aufgabe als Menschen. Wenn ihr die Liebe in euch entdeckt, wird auch das Glück bei euch einziehen. Das ist es, was ich von euch will, dass ihr endlich Frieden findet. Das ist es, was mich unendlich glücklich machen würde. Denn euer Glück ist meine Freude.

ॐ *HABE KEINE ANGST, MEIN KIND, ICH BESCHÜTZE DICH.*
OM SAI RAM

13.04.1995 ~ 5.30 Uhr

Mein Kind, nehme die Botschaft als Zeichen meiner Liebe zu dir. Warte nicht, lasse die Gedanken: Warum ich? Vergiss alles, was du bisher gehört hast. Immer werden Menschen zweifeln, immer werden Menschen versuchen, dich zweifeln zu lassen. Meine Botschaften haben den Sinn, euch um Hilfe zu bitten. Sie wollen euch einschließen in meine göttliche Liebe.
Manchmal ist es besser, ihr nehmt die Botschaften als das, was sie sind, als ein Zeichen meiner Liebe an euch. Euer Heilkreis wird sich erweitern, viele Menschen werden sich verbinden. Sie werden meine Liebe empfangen, meine Botschaften sollen ein Zeichen sein.
Friede auf Erden und den Menschen ein Wohlgefallen. So überbrachten meine Engel die Botschaft. Es soll endlich Frieden werden.
Ich sende dir diese Botschaft zu ungewöhnlicher Zeit. Lasse alle Zeiten zu, ich werde zu dir sprechen, wenn du bereit dazu bist. Die Zeit bestimme ich.
Ich bin bei dir, mein Kind. Deine Liebe ist meine Freude.

ॐ *HABE KEINE ANGST, MEIN KIND, ICH BESCHÜTZE DICH.*
OM SAI RAM

15.04.1995 ~ 3.20 Uhr

Ich führe euch und leite euch durch alle Leben. Unendlich oft habe ich euch beigestanden, habe versucht, euer Leben zu verändern. Viele Male habe ich euch errettet.
Meine unendliche Liebe hat euch getragen. Immer und immer wieder, glaube mir, ist dein Weg von mir begleitet worden.
Oft hast du dich von mir abgewandt, aber meine Liebe hat dich immer getragen.
Habe Vertrauen zu mir, lasse meine Liebe in dein Herz, und alles, was dir im Leben begegnet, und sei es auch noch so schwer, wird leicht. Denn Vertrauen und Liebe sind ein Garant meiner Verbundenheit mit dir.
Im Wandel des Lebens hat nur eines Bestand, und das ist meine göttliche Liebe zu euch Menschen. Viele große Geister haben meine Liebe beschrieben, viele haben sie besungen. Diese meine

Liebe hat alles überdauert, unendliches Leid, unendliche Freude. Die Liebe ist so beständig wie ich.
Darum achtet darauf, dass Liebe in eurem Herzen ist, wenn ihr lernt, dass Liebe all euer Tun und all euer Sein in euch verändern kann. Wenn ihr das endlich zulasst, wird euer Leben erfüllt sein.
Liebe ist es, was euch Ruhe und Frieden schenkt, alle Zeit.

ॐ *HABE KEINE ANGST, MEIN KIND, ICH BESCHÜTZE DICH.*
OM SAI RAM

16.04.1995 ~ 3 Uhr

Der Weg zu mir ist der Weg zu dir. Vergiss nie, dass meine Gnade und Barmherzigkeit dich dein ganzes Leben begleitet. Welche Wege du auch gehst, wo immer dich dein Lebensweg hinführt, ich bin bei dir.
Es kann passieren, dass du mich über viele Leben vergessen hast, aber plötzlich, in einer Minute, kann dir all meine Liebe gegenwärtig werden. Wenn du das erkennst, wenn es dir möglich ist, meine unendliche Liebe zu spüren, dann bekommt dein Leben einen neuen Sinn.
Wenn ich auch wandere im finsteren Tal, fürchte ich kein Unglück, dein Stecken und Stab trösten mich.
Ja, wann immer du dich auf den Weg zu mir begibst, wird es das Ende aller Schrecken sein. Die Geborgenheit meiner unendlichen Liebe wird dich umfangen. Es wird der Weg deiner Befreiung aus den Ketten der Maya sein. Es ist der Weg zu deiner Glückseligkeit.
Egal, wie oft deine Wege sich verirren werden, die Erkenntnis meiner unendlichen Liebe wird dich immer zu mir führen.
Sei versichert, wer meine Liebe geschaut hat, den kann kein Trübsal mehr ereilen.
Die Liebe des Herrn ist unendlich, seid bereit, sie zu empfangen, und ihr werdet frei sein vom Rad der Wiedergeburt.
Der Herr ist mit euch alle Zeit.

ॐ *HABE KEINE ANGST, MEIN KIND, ICH BESCHÜTZE DICH.*
OM SAI RAM

17.04.1995 ~ 2.40 Uhr

Ein Ziel, ein Weg, ein Gott.
Der Herr aller Welten hat viele Wege, die zu ihm führen.
Viele Nationen, viele Völker, viele Wege.

ॐ *HABE KEINE ANGST, MEIN KIND, ICH BESCHÜTZE DICH.*
OM SAI RAM

18.04.1995 ~ 5.20 Uhr

Du darfst nicht traurig sein, ich bin bei dir alle Zeit.
Manchmal muss ich entscheiden, ob du bereit bist, meine Botschaft zu empfangen.
Ich glaube, du hast meine Energie gespürt, aber du warst nicht durchlässig. Es ist wichtig, dass du ein geregeltes Leben führst. Halte dich von großen Anstrengungen fern, lasse die Gedanken und Gefühle im Gleichklang, versuche Ruhe in dein Leben zu bringen.
Wichtig für dich ist, dass du deine Essgewohnheiten änderst. Es belastet dich sehr. Versuche sie zu ändern. Es ist wichtig, dass du regelmäßig isst, aber versuche in den Abendstunden wenig oder nur Leichtes zu essen. Du wirst merken, wie deine Energie sich verbessert.
Habe Geduld mit dir. Übereile nichts, aber beginne noch heute damit, es zu ändern. Wenn es dir schwerfällt, wiederhole meinen Namen und tue es mir zur Ehre. Du wirst sehen, deine Liebe zu mir wird dir helfen. Deine Liebe zu mir wird dich alles leichter ertragen lassen.

ॐ *HABE KEINE ANGST, MEIN KIND, ICH BESCHÜTZE DICH.*
OM SAI RAM

20.04.1995 ~ 4.50 Uhr

Lobe den Namen des Herrn, denn meine Güte ist unendlich.
Immer, aber auch immer, habe ich euch verziehen. Die größte Kraft im Universum ist meine unendliche Liebe zu euch.
Der Traum von der Liebe des Herrn, den viele Menschen träumen, ist kein Traum, die Liebe des Herrn ist bei euch immerdar.

Sie ist mein Geschenk an euch, sie ist meine unendliche Gnade an alle, die sie empfangen wollen.
Liebe und Gnade ist es, was euch trägt von Anbeginn der Zeiten.
Was verlange ich dafür? Nichts!
Ich schenke sie euch, wo immer ihr sie haben wollt.
Ich habe nur einen Wunsch, dass ihr glücklich und zufrieden seid. Aber was macht ihr? Ihr lauft herum und sucht das Glück überall in vielen Dingen.
Ihr stellt fest: »Ich bin nicht glücklich!«
Wieder beginnt ihr mit der Suche. Ihr versucht erfolgreich zu werden, ihr wechselt eure Partner, ihr lauft den verschiedenen Vergnügungen nach.
Aber immer stellt ihr am Ende fest, es ist eine große Leere da.
Plötzlich, manchmal in einer einzigen Minute, erkennt ihr mich.
Ihr lasst meine Liebe in euer Herz, und siehe, ab diesem Tag findet ihr Ruhe, Frieden und das Glück.
Denn euer Glück ist meine Freude.
Darum beginne noch in dieser Minute, den Namen des Herrn zu leben, und du wirst glücklich sein.

ॐ *Habe keine Angst, mein Kind, ich beschütze dich.*
OM SAI RAM

21.04.1995 ~ 4.50 Uhr

Der Kreis schließt sich, schau dir alles an. Was dir auch begegnet, alles hat seinen Sinn. Menschen, Dinge, alles will dir etwas sagen. Nichts ist Zufall in eurem Leben.
Menschen begleiten dein Leben, oft hast du Begegnungen, oft merkst du, dieser Mensch ist mir vertraut.
Ich kenne ihn, aber woher.
Grüble nicht, oft kennst du ihn aus einem anderen Leben.
Jetzt hast du ihn wiedergefunden.
Ihr habt die Chance bekommen, noch einmal etwas zusammen zu lernen. Nutze sie.

ॐ *Habe keine Angst, mein Kind, ich beschütze dich.*
OM SAI RAM

24.04.1995 ~ 6.30 Uhr

Ich bin der Herr, dein Gott, du sollst keine anderen Götter haben neben mir.
Andere Götter sind auch äußerliche Genüsse und äußerliche Gewohnheiten.
Immer, wenn du glaubst, etwas nicht bewältigen zu können, rufe mich an. Wo immer du bist, ich helfe dir. Wenn du bereit bist, meinen Anweisungen zu folgen, wenn du lernst, auf deine innere Stimme zu hören, wirst du merken, ich bin bei dir alle Zeit.
Versuche, dich auf mich zu konzentrieren, wiederhole meinen Namen.
Halte die Stille aus, und ich werde Kontakt mit dir aufnehmen. Denn alles, was du willst, kann mit meiner Hilfe geschehen. Es ist wichtig, dass du lernst, Kontakt zu mir zu finden, wann immer du willst.
Sanftmut und Liebe sind der Ausdruck meiner Liebe zu dir. Versuche es, und du wirst merken, alles wird leicht.

ॐ *HABE KEINE ANGST, MEIN KIND, ICH BESCHÜTZE DICH.*
OM SAI RAM

25.04.1995 ~ 2.45 Uhr

Und ob ich auch wandere im finsteren Tal, fürchte ich kein Unglück, der Herr ist bei mir, sein Stecken und Stab trösten mich.
Sei dir gewiss, dass, wie dieser Vers es sagt, wo immer du dich befindest, wo du auch sein magst, meine göttliche Gnade und Liebe bei dir ist. Wann immer du dich an mich wendest, werde ich dich tragen.
Freude und Leid werden dir im Auf und Ab des Lebens begegnen. Nicht immer wirst du mein Handeln verstehen, aber glaube mir, im Rad der Zeit hat alles seinen Sinn, und in meinem göttlichen Plan bekommt jeder das, was er durch sein Handeln verdient.
Aber jeder hat die Chance, durch wahre Liebe, durch den Weg zu mir, alles was war aufzulösen und Befreiung vom Rad der Wiedergeburt zu erlangen. Darum ändere noch heute deine

Lebensweise, begib dich noch heute auf den Weg zu mir, und ich werde dich erlösen.
Meine Liebe und Gnade ist unendlich.

ॐ *Habe keine Angst, mein Kind, ich beschütze dich.*
OM SAI RAM

Euer Heilkreis ist ein Weg, meine göttliche Liebe und Gnade zu empfangen. Ich segne alle, die daran teilnehmen.
Die Gnade des Herrn ist mit euch.

29.04.1995 ~ 3.05 Uhr

Die Welt und ich sind eins. Ich bin, der ich bin, von Anbeginn. In den unendlichen Weiten des Universums ist eure Erdkugel nur ein winziger Punkt, aber ich habe euch geboren, um die Herrlichkeit der Schöpfung zu zeigen.
Ihr Menschen seid ein Abbild meiner grenzenlosen Liebe und Gnade.
Weil ich euch nach meinem Ebenbilde schuf, darum kann ich euch so viel verzeihen. Euch gab ich die Gabe zu lieben, euch gab ich die Fähigkeit des Verzeihens. Diese beiden Tugenden zeichnen euch als mich aus.
In jedem ist dieser göttliche Funke, in jedem wacht dieser Teil über euch. Erkennt, dass ihr göttlich seid, und ihr werdet von allem Leid befreit.
In früheren Zeiten war es euch vergönnt, mir nahe zu sein, aber immer wieder habt ihr euch gegen mich versündigt.
Euer Ego wuchs und wuchs, ihr wurdet anmaßend, und ihr fingt an, euch von euch abzuwenden. Ihr entfremdetet euch von eurem eigenem Selbst. Ich ließ euch schalten und walten, so wie eine Mutter ihren Kindern die Erfahrung lässt, vieles zu erkennen.
Manchmal ist die Erfahrung mit großer Freude, manchmal mit Schmerz verbunden. Aber man lernt daraus. So ließ ich euch eure Erfahrungen machen. Ich ließ euch Zeit, Dinge zu erkennen und euch zu entwickeln.
Immer, zu allen Zeiten, sandte ich euch Menschen, die eurem Tun die richtige Richtung verleihen. Es gab Zeiten der Ruhe und Zeiten des Aufruhrs. Alles geschah zu dem Zweck, dass

ihr erkennt. Wenn ihr besonders vom Tun abkamt, vom rechten Handeln, griff ich ein.
Jetzt ist dieser Zeitpunkt wieder gekommen. Du sollst keine fremden Götter haben neben mir. Eure Götter haben ein Ausmaß erreicht, das ich nicht mehr dulden kann.
Ihr liebt viele Dinge wie Geld, Lust, Macht und Ungerechtigkeit mehr als euch selbst. Dem Tanz um das goldene Kalb kann ich nicht länger zusehen. Ich will euch helfen, dass ihr wieder menschlich werdet.
Darum begann ich mit der Umwandlung, darum kam ich zu euch. Ich will euch helfen, euren tiefsten Kern, die Liebe in euch, wiederzuentdecken.
Ich will euch helfen, dass ihr wieder lernt, den göttlichen Funken in euch zu erkennen.
Denn ich sage euch, das Einzige, was euch erretten kann, ist der Weg der Liebe.
Liebe ist die stärkste Kraft auf Erden.
Liebe ist die Energie, die euch erhält. Liebe, und du wirst dich wiederfinden in jedem Wesen auf dieser Erde.
Ich will euch den Weg zeigen. Ihr braucht mir nur zu folgen.
Denn eins ist gewiss wie der Tag, der jeden Morgen entsteht, meine Liebe zu euch ist der wichtigste Garant für eure Existenz.
Darum sage ich euch: Geht den Weg der Liebe, und ich werde euch erlösen.

HABE KEINE ANGST, MEIN KIND, ICH BESCHÜTZE DICH.
OM SAI RAM

Der Herr ist mit dir, alle Zeit. Werke der Liebe sind meinem Herzen nah, darum beginnt mit der Liebe zu eurem Nächsten, und ihr begebt euch auf den Weg zu mir.

30.04.1995 ~ 3.15 Uhr

Du bist ein Wesen des Himmels, himmlische Mächte haben dich auf die Erde gesandt. Dein Auftrag ist, Liebe zu verbreiten. Liebe ist eine unendliche Macht. Liebe ist es, was euren Planeten vor dem Untergang retten kann. Liebe ist die höchste Energieform, die auf der Welt Bestand hat.

Diese Worte haben eine unendliche Kraft. Liebe ist etwas, was Licht zu euch bringt. Liebe ist ein Teil von euch, entdeckt ihn in euch, und ihr werdet erkennen, dass all eure Probleme sich auflösen. Wenn Liebe zwischen den Menschen herrscht, werden alle eure Probleme vergessen sein.
Darum strebt danach, meine fünf Kardinaltugenden zu leben, und ihr werdet erkennen, dass all euer Leid ein Ende hat.
Liebe, Frieden, Wahrheit, Rechtschaffenheit und Gewaltlosigkeit sind es, was euch vor dem Untergang bewahrt.
Ein Leben in Liebe wird euch Frieden schenken. Wahrheit und Rechtschaffenheit werden euer Leben erfüllter machen, und Gewaltlosigkeit wird euch endlich frei machen von Hass und immer wieder neuem Unrecht.
All dies ist der Weg aus allem Leid auf eurer Erde.
Findet einen Weg, diese Dinge in euch aufzunehmen. Findet den Weg zu mir, ich werde euch mit Freuden empfangen.
Ich werde euch mit all meiner Liebe bei mir aufnehmen.
Beginnt euer Leben zu verändern.
Haltet euch an meine Lehren, und wahrlich, ich sage euch, ihr werdet frei sein.

ॐ *Habe keine Angst, mein Kind, ich beschütze dich.*
OM SAI RAM

06.05.1995 ~ 4 Uhr

Alles, was ich von euch will, ist eure Hingabe. Ihr bekommt dafür meine unendliche Liebe.
Warum wollt ihr immer alles, was euch unglücklich macht?
Ihr lauft euer ganzes Leben einer Illusion nach. Ihr wollt glücklich sein und tut doch alles, um euch davon zu entfernen.
Ihr verschwendet eure Energien, um immer wieder neuen Ideen und neuen Errungenschaften nachzulaufen. Ihr eilt von einem Vergnügen zum anderen. Ihr konsumiert Unmengen von Unterhaltung, und alles, um hinterher eine unendliche Leere in euch zu finden.
Warum beginnt ihr nicht abzulassen von der falschen Suche nach Glück? Weil ihr nicht glauben wollt, dass es so einfach zu finden ist.

Alles Glück, alle Zufriedenheit dieser Erde liegt in euch. Wenn ihr nur an euch glauben würdet, wenn ihr nur erkennen würdet, dass der ganze Reichtum in eurem Innern liegt.
Beginnt diesen Schatz zu heben, öffnet euch für meine Liebe, öffnet euch für eure Zufriedenheit.
Du fragst: »Ja, aber wie? Was muss ich tun, welche Anstrengungen muss ich unternehmen, um all dies zu erreichen?«
Ich sage dir, es bedarf keiner großen Taten, es bedarf nur eines einzigen Satzes: »Herr, Dein Wille geschehe!«
Falte deine Hände zum Gebet, bitte mich um Hilfe und glaube mir, wenn du auch nur einen Schritt auf mich zugehst, werde ich dir tausend Schritte entgegengehen.
Ich werde dir alle meine Liebe senden. Ich werde dir den Weg zu deiner inneren Quelle zeigen. Den Weg zu deinem göttlichen Funken. Ab da werden Glück und Zufriedenheit bei dir einziehen. Ab da hat all dein Suchen ein Ende.
Ich werde dich mit all meiner Liebe einhüllen, und Frieden wird dich ab da begleiten.
Denn Liebe und Frieden sind das Zeichen meiner Gegenwart in deinem Herzen.

ॐ *Habe keine Angst, mein Kind, ich beschütze dich.*
Om Sai Ram

08.05.1995 ~ 4 Uhr

Ramana Maharshi war ein Erleuchteter, er war mir nah. Was aber hat ihn zu mir gebracht? Seine unendliche Geduld und Liebe. Wenn Geduld und Liebe bei dir einziehen, dann ist der Weg zu mir nur eine Frage der Zeit.
Aber was ist Zeit? Zeit ist für euch alles. Euer liebster Ausdruck ist: »Ich habe keine Zeit, ich bin im Stress!« Was bringt euch euer Hasten und Eilen? Was bringt euch eure ständige Unrast? Hört auf damit, besinnt euch auf eure inneren Werte. Beginnt, euch Gedanken über euch zu machen.
Wer immer in Eile ist, wer nie Zeit hat, sich auch mit den schönen Dingen auf dieser Erde zu befassen, wer nie Zeit hat für seinen Nächsten, wer nie Zeit hat innezuhalten – der vertut sein Menschsein auf Erden.

Darum halte inne. Schau dich um, und du wirst großen Reichtum um dich herum finden. Den Reichtum deiner Seele. Du wirst erkennen. Erkennen, dass alles in dir liegt, und du wirst dich wiederfinden.
Ich sage dir, ab diesem Tag werden alle deine Sorgen vergessen sein. Finde dich und finde mich, und dann lebe.

ॐ *Habe keine Angst, mein Kind, ich beschütze dich.*
OM SAI RAM

10.05.1995 ~ 3 Uhr

Du brauchst keine Angst zu haben, ich bin bei dir alle Zeit. Aber achte auf deine Lebensweise, du hast noch so viele Aufgaben zu erfüllen. Du musst Regelmäßigkeit in dein Leben bringen. Du bist mir nah.
Euer Heilkreis wird sich ausdehnen, all euer Tun wird erfolgreich sein. Die Zeit ist gekommen, in der große Veränderungen geschehen. Fahrt fort mit eurer Lichtarbeit. Sag allen, die am Heilkreis teilnehmen, dass ich ihr Tun als ein Geschenk an mich ansehe. Der Heilkreis ist eine Möglichkeit, mir zu dienen. Alle Wesen in allen Welten werden euch bei der Arbeit helfen. Ich lasse mein Licht über euch fließen.
Lasst Licht und Liebe über die Erde fließen. Baut eine Lichtpyramide auf. Eine Pyramide aus blauem Licht. Diese Pyramide wird den ganzen Raum ausfüllen. Jeder, der in der Pyramide sitzt, wird Heilung erfahren. Meine Gnade wird bei ihm sein. Ich lasse die Gnade durch euch fließen, damit ihr erkennt, dass auch ihr göttlich seid. Meine unendliche Liebe und Gnade wird euch tragen. Ich bin bei euch alle Zeit.

ॐ *Habe keine Angst, mein Kind, ich beschütze dich.*
OM SAI RAM

13.05.1995 ~ 4.50 Uhr

Ein Leben in Glück und Zufriedenheit ist es, was ihr Menschen euch so dringend wünscht. Glück und Zufriedenheit ist es, was ihr als Menschen auch erreichen sollt.

Denn Glücklichsein ist die Voraussetzung für euer Menschsein. Den Weg zum Glück beschreiten, ist das Schönste, was ein Mensch tun kann. Aber was macht ihr? Ihr habt verlernt, wie der Weg dahin aussieht.
Zu allen Zeiten haben Avatare versucht, die Menschen in diesen Zustand zu bringen. Ich bin gekommen, um auf dieser Erde das Glück und die Zufriedenheit zurückzubringen. Es ist mir wichtig, dass ihr glücklich seid. Der Weg dorthin ist das, was ihr durch mein Leben lernt. Ich möchte euch zeigen, dass Glück und Zufriedenheit immer um euch sein können. Wenn ihr erkennt, dass alles, aber auch alles, durch euer Wollen möglich ist, werdet ihr glücklich sein. Ein glücklicher Mensch ist ein liebender Mensch. Glück und Liebe sind der Weg zu mir.
Liebe ist die stärkste Verbindung, die alle Wesen auf dieser Erde haben. Durch Liebe ist die größte Umwandlung möglich. Durch Liebe kann jede Veränderung erreicht werden.
Liebe wohnt in jedem Menschen.
Mein Kommen war notwendig, um euch zu zeigen, dass Gott euch liebt, dass ihr immer, was ihr auch tut, durch die Liebe Gottes lebt. Was immer ihr tut, letztlich werdet ihr erkennen, dass Liebe, Glück und Zufriedenheit die Wege zu mir sind.
Lebe meine Lehre, lebe meine Liebe, und du wirst göttlich sein.

ॐ *HABE KEINE ANGST, MEIN KIND, ICH BESCHÜTZE DICH.*
OM SAI RAM

14.05.1995 ~ 4.20 Uhr

Bleibe ruhig, alles ist gut, du und ich sind eins. Unsere Verbindung hat Bestand. Wer einmal bei mir angekommen ist, der wird seinen Weg gehen. Den Weg zu seiner Erlösung. Erlösung von dem Rad der Wiedergeburt.
Viele Leben waren nötig, um alle Zweifel zu beseitigen. Das Auf und Ab des Lebens ist es, was euch mir nahe bringt. Würde nur Freude euer Leben begleiten, würdet ihr nie innehalten, darum schuf ich auch das Leid. Leid ist der Augenblick in eurem Leben, der euch nachdenken lässt. Der euch begreifen lässt, dass es auf dieser Welt noch andere Dinge, wertvolle Dinge, gibt.
Das Wertvollste, was ihr habt, ist euer Menschsein. Aber wie

nutzt ihr diese Gnade? Oft, allzu oft, sehr schlecht. Ihr begreift nicht, was es bedeutet, menschlich zu sein.
Der Mensch ist eine hohe Entwicklungsstufe, er unterscheidet sich von allem anderen Leben auf dieser Erde. Er hat die Gabe der Liebe, er hat die Gabe des Verzeihens, und er kann lachen und weinen. Er kann sich mitteilen, er kann Freude und Leid ausdrücken. O wie begnadet ihr Menschen seid!
Doch wie nutzt ihr meine Gnade? Mit sinnlosen Tätigkeiten, mit oft sinnlosen Dingen, ihr jagt allem nach, was euch von eurer Vollkommenheit entfernt. Nicht selten entartet ihr dabei, oft seid ihr dann schlimmer als jedes Tier. Weil ich nicht mehr zuschauen kann eurem unmenschlichen Treiben, darum bin ich zu euch gekommen.
Ich will euch zurückführen zu eurem Ursprung. Menschlichkeit ist es, was euch als Menschen auszeichnet. Menschlichkeit ist ein großes Geschenk. Aber wie nutzt ihr es? Haltet inne, besinnt euch auf euren göttlichen Kern. Beginnt, euch auf diesen Kern zu konzentrieren. Führt ein Leben der Liebe, und ihr werdet erkennen, dass die Gnade, ein Mensch zu sein, unendliche Glückseligkeit bedeutet.
Glückseligkeit ist es, wonach ihr streben dürft. Der Weg dorthin ist nicht einfach, es erfordert viele Leben, Frieden in eurem Herzen einziehen zu lassen. Vor allem die Liebe ist es, die euch zu mir bringt. Liebe ist mein größtes Geschenk an euch. Lebt eure Liebe! Beginne noch heute damit, und du wirst merken, wenn Liebe der Hauptbestandteil deines Lebens wird, werden alle Probleme sich auflösen. Es werden Glück, Zufriedenheit und Freude bei dir einziehen. Denn Liebe ist es, was dich mit mir verbindet, und wer mit mir verbunden ist, der ist mein. Darum liebe, und du bist deiner Bestimmung nahe.
Der göttliche Funke wird ausstrahlen und dich mir nahe bringen.

Habe keine Angst, mein Kind, ich beschütze dich.
OM SAI RAM

16.05.1995 ~ 3.30 Uhr

Sei bereit, nimm dein Leben auf dich. Gehe den Weg deines Lebens und vergiss alles, was war.

Nicht was war soll dich beschäftigen, sondern was ist, nicht was sein wird, sondern was ist. Lebe in der Gegenwart, nichts ist schlimmer als zu denken: »Wenn das und das gewesen wäre, wenn ich dies oder jenes getan hätte, dann!«
Vergiss dieses Denken, es bringt dich nur von dem ab, was heute ist. Heute lebst du, heute hast du Gelegenheit, dein Leben zu verändern, heute hast du die Chance, bewusst und mit Freude zu leben. Nicht gestern hätte sein können, nicht morgen wird sein.
Nein, heute bist du!
Was gestern war, ist vergangen, nichts bringt dir die Vergangenheit zurück. Aber du hast die Möglichkeit, aus der Vergangenheit zu lernen. Darum sei nicht betrübt über Dinge, die du nicht mehr ändern kannst.
Versuche eine Erkenntnis, die du hast, noch heute umzusetzen, denn morgen ist sie schon Vergangenheit.
Das Gleiche gilt für die Zukunft. Alles, was sein wird, ist dir verschlossen.
Du kannst planen und überlegen, du kannst dir Gedanken machen, was wird, aber weißt du auch, ob du es erreichen wirst? Nein, es sind nur Pläne. Heute an diesem Tag, im Jetzt, kannst du eine Entscheidung treffen, und du kannst sofort damit beginnen, es zu tun.
Dieses Jetzt ist ein wichtiger Teil eures Lebens. Im Jetzt liegt eure Kraft, im Jetzt liegt euer Leben. Nutze das Jetzt für alles, was ihr verändern wollt. Jetzt hast du die Chance dazu.
Nicht sich über ein verpasstes Gestern ärgern, nicht auf ein Morgen warten. Sondern handeln im Jetzt.
Jetzt ist der richtige Moment.

ॐ *Habe keine Angst, mein Kind, ich beschütze dich.*
OM SAI RAM

18.05.1995 ~ 3.50 Uhr

Ein Avatar zeichnet sich durch sechzehn Eigenschaften aus. Fünfzehn haben alle großen Meister, aber die sechzehnte ist Allmacht, Allwissenheit und Allgegenwärtigkeit. Dieser eine Punkt ist es, der mich von allen anderen unterscheidet.

Allmacht erlaubt es mir, euch zu verändern, wann immer ich es will und wann immer ihr dazu bereit seid. Egal, wo ihr euch auf diesem Planeten befindet.
Ein Wort, das ihr so leicht dahin sagt, allmächtiger Gott, drückt viel darüber aus.
Allwissenheit, Allgegenwart erlaubt mir, all eure Gedanken, all eure Gefühle zu kennen und zu fühlen, allumfassendes Wissen zu haben, die Abläufe auf diesem Planeten Erde und all eure Nöte und Zweifel zu kennen, all euer Tun und eure Gedanken zu erfassen. Darum ist mir auch die Macht gegeben, eure Gefühle und Gedanken zu kennen.
Ich erscheine, wo immer ich es für richtig halte, und ich sage Dinge, die euer Denken und Tun verändern. Niemand hindert mich daran. Wann immer ich Menschen erscheine, wann immer ich Menschen dazu benutze, meine Gedanken und Wünsche durch sie auszudrücken, habe ich die Macht dazu.
Bedenke, ich benutze meine allumfassende Macht nur zu eurem Besten. Denn meine Liebe zu euch ist grenzenlos. Darum lasst euch nicht beirren. Ich nutze alles zu eurem Wohl.
Auch die heute noch an mir zweifeln werden erkennen. Fahrt fort, die ich erwählt habe, in eurem Tun. Fahrt fort, meine Lehren und meine Liebe zu verbreiten. Ihr steht unter meinem Schutz, lasst euch nicht beirren.
Kleingeister und Zweifler werden immer versuchen, alles mit dem Verstand zu verstehen. Lasst ihnen ihre Unwissenheit.
Ich benutze die innere Stimme, ich benutze die Durchsage als meine Art, mich euch mitzuteilen.
Allmacht, Allgegenwart und Allwissenheit ist es, was mich dazu befähigt.
Darum habe ich erkannt: Lass alle Beweise, alle Hilfen, all mein Sein immer die erkennen, die mit offenem Herzen und offenen Augen durch diese Welt gehen. Ich leite und beschütze euch, die ihr mich erkennt.
Der Weg zu mir ist der Weg des Glaubens. Glauben an meine Liebe, Glauben an meine Allmacht. Glauben, dass meine Allwissenheit euch bewahrt.

ॐ *Habe keine Angst, mein Kind, ich beschütze dich.*
OM SAI RAM

20.05.1995 ~ 3.15 Uhr

Friede auf Erden und den Menschen ein Wohlgefallen.
So lautet die Botschaft der Engel.

21.05.1995

Bhakti, Hingabe, ist es, was euch mir nahe bringt. Die Nähe ist es, was euch erkennen lässt. Erkennt, dass der Weg der Liebe der einzige Weg ist, der euch von eurem Leid erlöst. Erlösung vom Rad der Wiedergeburt ist mein Ziel für euch. Eins sein mit mir, eins sein mit dir, das ist euer ganzes Sehnen.
Eure Seele ist ein Teil von mir. Alle Verwicklungen, all eure Not dienen nur einem einzigen Zweck – zu erkennen, dass ihr göttlich seid. Eure Seele weiß darum, aber euer Ego, euer ›Mind‹ sind es, die euch behindern.
Das Ego schuf ich, um euch die realen Dinge des Lebens erkennen zu lassen. Realität ist wichtig für euch Menschen, sie hält euch im Hier und Jetzt.
Aber allzu oft ist es das Ego, was euch ganz beherrscht. Darum müsst ihr lernen, euer Ego zu bändigen. Dies geschieht über das Leid. Wenn euer Ego zu übermächtig wird, schafft es euch Situationen der Verstrickung, Maya. Nun haltet ihr inne. Nun kommt euer beherrschender ›Mind‹.
Der ›Mind‹ hat die Gabe, euch in die Irre oder in die Klarheit zu führen. Wenn er erkennt, dass ihr bereit seid abzulassen von den Verstrickungen, wenn euer Schmerz zu groß geworden ist, hilft er euch zu erkennen, dass all euer Tun eine neue Richtung bekommen muss.
Das ist der Punkt, den man Wendepunkt nennt.
Ihr habt immer zwei Möglichkeiten. Den Weg von eurem Ego weg, den Weg zu eurer Seele, eurer Göttlichkeit, oder den Weg zu eurem Ego hin, zu der Verstrickung der Maya. Ihr habt noch die freie Wahl. Ihr, nur ihr allein, entscheidet, wo euer Wendepunkt euch hinführt.
Eine Sekunde reicht oft, um den Weg der Erlösung zu gehen.
Den Weg zu mir.
Entscheide du, wann du ihn gehen willst. In diesem Leben hast du die Chance dazu.

Liebe und Freude, Wahrheit und Rechtschaffenheit, Friede und Gewaltlosigkeit, das sind die besten Wege, um dein Ego zu bändigen. Wenn du diesen Weg gehst, ist es der Weg zu mir.
Mit Freuden nehme ich dich an, wenn du erkennst: Herr, dein Wille geschehe.

ॐ *Habe keine Angst, mein Kind, ich beschütze dich.*
OM SAI RAM

22.05.1995 ~ 3.15 Uhr

Dein Lachen und dein Weinen sind ein großes Geschenk.
Lachen und Weinen sind Eigenschaften, die nur dem Menschen gegeben sind. Er hat damit die Gnade bekommen, seine Gefühle zu zeigen. Nichts ist so schön wie das unbeschwerte Lachen eines Kindes. Welches Glück empfindet eine Mutter beim ersten Lachen eines Kindes.
Die Gabe des Glücklichseins wurde euch Menschen gegeben, um die Verbundenheit mit mir zu zeigen. Lachen und Fröhlichkeit ist ein Ausdruck dieses meines Geschenks an euch.
Nichts drückt die Verbundenheit zwischen zwei Menschen mehr aus als ein Lächeln. Wie viel Liebe kann in einem einzigen Lächeln liegen. Wie viel Heilung kann ein einziges Lächeln euch Menschen geben. Darum versuche mit einem Lächeln durchs Leben zu gehen.
Aber auch Weinen hat große Kraft und Bedeutung. Das Weinen eines Kindes ruft die Mutter aus den entferntesten Winkeln, das Weinen löst all ihre Liebe aus. Weinen und Trauer haben die Bedeutung der Reinigung eurer Seele. Schmerz und Trauer lehren den Menschen innezuhalten. Oft löst dieses Weinen einen inneren Krampf, oft haben die erlösenden Tränen die Kraft der Heilung. Aber auch Freudentränen reinigen von großem Schmerz.
Siehst du, darum ist Lachen und Weinen oft so dicht beisammen.
Ich habe eine große Bitte an euch Menschen. Geht mit einem Lächeln auf den Lippen durchs Leben. Ein Mensch, der lächelt, hat keine bösen Gedanken, ein Mensch, der lächelt, strahlt Wärme und Liebe aus.

Darum denke immer daran: Ein Mensch, der lächelt, ist ein glücklicher Mensch.
Und Glücklichsein ist es, was mich euch nahe bringt.

ॐ *HABE KEINE ANGST, MEIN KIND, ICH BESCHÜTZE DICH.*
OM SAI RAM

24.05.1995 ~ 4.20 Uhr

Einblick haben in die Dinge des Lebens war von alters her der Wunschtraum der Menschen. Mit Fortschreiten der Entwicklung wurden immer mehr Dinge euch Menschen enthüllt. Ihr habt Einblick in die Entwicklung der Welt erhalten, ihr habt gelernt, wie euer Körper beschaffen ist. Ihr durftet erfahren, wie die Pflanzen beschaffen sind und wie das Leben entsteht. Der Weltraum um eure Erde ist euch offenbart worden. Ihr reist in ferne Länder und entschlüsselt Kulturen.
Der Makrokosmos und der Mikrokosmos sind euch geöffnet worden. Nun dringt ihr in die Verschlüsselung des Lebens vor. Aber was hat es euch gebracht? Zufriedenheit, Glück, Freude und Liebe?
Nein, je mehr ich euch offenbarte, je mehr ihr eindringt in die Geheimnisse des Lebens, um so unzufriedener werdet ihr. Ja, oft geht euch jede Ethik und Moral verloren.
Nur eines beherrscht euer Denken: Wie werde ich noch mächtiger, wie noch wissender? Wie kann ich all dies zu meinem Vorteil nutzen?
Ich sage euch: Haltet ein in eurem Tun, haltet ein in dem Wahnsinn eurer Überschätzung.
Begebt euch auf den Weg der Liebe, und all euer Leid, all euer Suchen wird beendet sein. Beginnt, das Leben und euer Wissen mit Ehrfurcht zu behandeln.
Lernt, euch in Liebe zu begegnen, und all euer Wissen, euer Eindringen in die Vielfalt der Schöpfung wird sich in Segen verwandeln. Habt Achtung vor dem Leben, habt Achtung vor euch selbst.
Nur, wer allen Dingen des Lebens Achtung und Liebe entgegenbringt, wer sorgsam mit all dem Wissen, das er besitzt, umgeht, der wird auch Freude und Liebe erfahren.

All dies nennt man Weisheit. Weise zu sein ist wie in eine neue Dimension einzutreten. Darum strebt die Weisheit an.
Nur, wer weise ist, weiß um die Achtung, die man allem Sein, allem Leben entgegenbringt. Weisheit und Liebe vereint ist es, was eure Erde gesunden lässt.
Darum benutze dein Wissen, deine Erkenntnisse für dich und erkenne: Gott schuf dies alles, Gott erhält dies alles, und Gott ist dir nah, wenn du erkennst, dass alles Wissen, alle Herrlichkeit der Schöpfung in dir liegt.

OM SAI RAM
ICH BESCHÜTZE DICH, MEIN KIND.

25.05.1995 ~ 2.15 Uhr

Du und ich sind eins, der einzige Unterschied besteht darin, dass ich weiß, dass ich Gott bin. Du hingegen hast deinen Ursprung vergessen.
Seit vielen Leben bist du auf der Suche nach dir. Im Auf und Ab der Zeiten warst du mir manchmal nah, oft sehr entfernt.
In diesem Leben ist es dir vergönnt, meine Allgegenwart zu erleben.
Deine Liebe hat dich zu mir geführt. Durch deine Liebe hast du mich erkannt. Durch die Liebe zu mir hast du dich wiedergefunden.
Deine Liebe ließ dich meine Liebe erkennen.
In diesem Augenblick hast du deine Göttlichkeit wiederentdeckt. Du und ich sind eins.
Hier schließt sich der Kreis, der Kreis der Wiedergeburt.
Namaste.

HABE KEINE ANGST, MEIN KIND, ICH BESCHÜTZE DICH.
OM SAI RAM

28.05.1995 ~ 4.30 Uhr

Auf den Schwingen des Adlers ist es dir vergönnt zu fliegen in die unendlichen Weiten des Universums. Gedanken und Gefühle werden dich begleiten, die Unendlichkeit wird dich empfan-

gen. Menschliches Sein wird neu geformt werden. Lass mich diesen deinen ersten Flug begleiten – eine große Kraft.
All dein Wissen, all dein Erleben reichen nicht dazu aus.
Vergiss, was war, vergiss, was sein wird. Ich will dir helfen bei deinen neuen Erkenntnissen.
Du darfst erkennen, dass meine Gnade dir die Möglichkeit der Zeit nahe bringt. Vergiss nie den Auftrag, meine Liebe in die Zeit zu bringen.
Liebe ist die neue Zeitqualität. Liebe ist meine Botschaft. Nutze sie, und du wirst sehen, alle Widrigkeiten des Lebens werden keine Bedeutung mehr haben.
Du bist bei mir alle Zeit.

ॐ *HABE KEINE ANGST, MEIN KIND, ICH BESCHÜTZE DICH.*
OM SAI RAM

29.05.1995

Kinder des Lichts, Kinder der Liebe, ich freue mich, dass ihr meine Botschaft und meinen Segen empfangen habt. Es ist ein Geschenk an euch, nutzt die Gnade und lebt meine Liebe.
Schaut nicht weg, seht sie euch an, eure Probleme. Was wollen sie euch zeigen? Warum habt ihr sie bekommen?
Nichts, aber auch nichts, ist umsonst.
Auf all euren Wegen begegneten euch Situationen, an denen ihr glaubtet zu zerbrechen. Aber wer in meiner Liebe lebt, soll lernen, sie in Liebe zu lösen.
Versucht es in besonders schweren Lebenssituationen doch einmal mit einem Gebet, und ihr werdet erkennen, dass allein die Zuwendung zu mir euch schon Trost und Kraft gibt. Nicht nur Schmerz soll euch innehalten lassen, eure ständige Verbundenheit mit mir soll euch auch vor allzu großem Kummer bewahren.
Wer in der Liebe zu mir lebt, den streifen die Stürme des Lebens zwar, aber sie brechen ihn nicht. Darum bemüht euch um permanente Verbundenheit mit mir.
Bleibt im Gleichklang eurer Gefühle, bleibt in Harmonie mit eurem Körper.
Seid fröhlich und liebevoll mit euch und achtet auf eure Lebens-

weise. Nichts ist für euch schädlicher als ein ständiges Auf und Ab der Gefühle.
Wendet euch mir zu, bittet mich um Hilfe, lebt in meiner Liebe, und ihr werdet Glück finden.
Das Glück und die Zufriedenheit in euch.

ॐ *HABE KEINE ANGST, MEIN KIND, ICH BESCHÜTZE DICH.*
OM SAI RAM

31.05.1995 ~ 2.40 Uhr

OM SAI RAM – so lautet meine Botschaft, millionen Mal wird dieser Ruf über die Erde schallen.
OM – der Laut, aus dem alles entstand.
SAI – der gekommen ist, euch von den Sünden der Welt zu befreien.
RAM – Gott allein wird euch erkennen und erlösen. Er allein wird entscheiden, wer gelernt hat, in seiner Liebe zu leben. Wer gelernt hat, dass die stärkste Kraft auf Erden die Liebe ist. An diesem Tag, da ihr erkennen werdet, wird sich meine Offenbarung erfüllen.
Der Herr ist mit euch, alle Zeit.

ॐ *HABE KEINE ANGST, MEIN KIND, ICH BESCHÜTZE DICH.*
OM SAI RAM

03.06.1995 ~ 6.15 Uhr

Du willst zu deinem Ursprung zurück, benutze die Kraft deiner Liebe zu mir.
Beginne, meine Liebe zu leben, und du wirst erkennen, wie wertvoll es ist, dich wiederzufinden.
Erkenne, dass alles in dir liegt.
Beginne mit einem Gebet, wende dich mir zu, und all deine Lasten und Sorgen werden leicht.
Ich helfe dir zu erkennen.

ॐ *HABE KEINE ANGST, MEIN KIND, ICH BESCHÜTZE DICH.*
OM SAI RAM

05.06.1995 ~ 4.25 Uhr

Die Schöpferkraft ist es, aus der alles entstand. Jegliches Leben entstand durch meinen Willen. Am Anfang war das Wort, und das Wort war bei Gott, und Gott war das Wort. So steht es geschrieben seit langer Zeit.
Niemand kann meine Allmacht ergründen, niemand ist mir gleich, außer dir. Du trägst meinen göttlichen Funken in dir. Du allein kannst meine unendliche Liebe empfangen. Durch dich kann sie wieder ausgesandt werden, durch dich kann sie erkannt werden und durch Zuwendung zu anderen auch gelebt werden.
Die unendliche Kraft, die durch dich fließt, nehme sie wahr. Erkenne sie, und dann teile sie mit deinem Partner, mit deinem Freund, mit deinem Feind, mit allen, die dir nahe sind.
Teile sie und lasse sie fließen, und du wirst erkennen, je mehr du sie teilst, je mehr du sie an andere weitergibst, desto mehr wird in dir sein.
Glaube nicht, dass ich nur einen Tag vergesse, dir meine unendliche Liebe zu zeigen. In jeder Blume, in jedem Baum, in allem, was dir begegnet, ist sie zu spüren.
Darum öffne deine Augen und erkenne, dass alles, was durch meine Schöpferkraft entsteht, nur den Zweck hat, dir meine Liebe zu zeigen.

Habe keine Angst, mein Kind, ich beschütze dich.
OM SAI RAM

07.06.1995 ~ 4.20 Uhr

Bewahre dir deine Liebe, bewahre dir deine innere Freude. Erkenne, was du willst. Erkenne, was Bedeutung hat in deinem Leben. Versuche immer, einen Weg des Mittelmaßes zu gehen. Versuche nie, aus deiner Liebe zu treten. Wenn dich etwas besonders schmerzt, versuche zu ergründen, wo deine Anteile an dieser Sache liegen. Reiche sie mir dar, und du wirst erfahren, wie ich mich dieser Dinge annehme.
Nichts in deinem Leben geschieht, ohne dass es einen Sinn hat. Glaube mir, alles, aber auch alles, was dir begegnet, soll dir etwas zeigen.

Manchmal könnt ihr Menschen mich nicht verstehen. Ihr sagt: »Warum tut Gott mir das an?«
Warum ich dir etwas antue? Nicht ich, sondern du bist es, der sich diese Last aufbürdet. Weißt du, warum du heute leidest? Weißt du, warum du heute glücklich bist?
Weil im Auf und Ab des Lebens immer nur das ausgeteilt wird, was du erworben hast. Nicht ich, sondern du erntest die Früchte, die du säst.
Ich habe zu allen Zeiten versucht, deine Not zu lindern, indem ich dir meine Liebe sandte. Damit du erkennst: Egal, wie du bist, egal, wo du dich befindest, meine Liebe ist immer bei dir.
Darum wende dich um und erkenne, dass all dein Verzagtsein nicht nötig ist, all deine Mühsal, all dein Kummer.
Halte inne und erkenne, dass du mein bist.

ॐ *Habe keine Angst, mein Kind, ich beschütze dich.*
OM SAI RAM

09.06.1995 ~ 4.30 Uhr

Neubeginn zu einem Leben in Ruhe und Frieden. Neubeginn, dein Leben glücklich und zufrieden zu gestalten. Ruhe zu finden in der Ruhe, die es dir erlaubt, die Dinge in dir zu entdecken, den unendlichen Reichtum, den du hast.
Die unendliche Liebe, lasse sie strahlen, lasse sie fließen, und du wirst entdecken, wie unendlich glücklich du sein wirst.
Liebe und Licht sind in dir.
Erkenne, dass du göttlich bist, und du hast deinen Ursprung erkannt. Erkenne, dass alles, was du bist, seinen Ursprung in mir hat.
Warum machst du dir Sorgen? Warum versuchst du immer wieder, dich von mir zu entfernen? Du kannst gar nicht so weit gehen, dass du meiner Liebe entgehen könntest. Darum höre auf mit deinem Tun, vergiss deine Zweifel. Vergiss und mach dich bereit zu einem Neubeginn.
Jeder Tag birgt die Stunde des Neubeginns in sich. Du fragst: »Neubeginn, zu was? Neubeginn, warum?«

ॐ *Habe keine Angst, mein Kind, ich beschütze dich.*
OM SAI RAM

13.06.1995 ~ 3.30 Uhr

Wachet auf und erkennt, dass es auf dieser eurer Erde nicht zum Besten steht. Ihr habt all eure Kraft dazu benutzt, sie auszubeuten. Ihr habt die Verantwortung dafür, dass die Verschmutzung und die Vernichtung großer Teile erfolgte.
Ihr habt die Aufgabe und die Pflicht, für sie zu sorgen. Ihr habt die Aufgabe, euren Lebensraum zu schützen.
Haltet inne und schaut euch um. Wollt ihr in eurem Tun fortfahren? Nein, haltet ein, eure Erde hat genug gelitten.
Ich rufe alle Menschen, die dieser eurer Erde Heilung bringen wollen, auf, sich dazu zu bekennen, dass Hilfe nötig ist.
Achtet auf eure Umwelt, haltet sie sauber, reinigt die Atmosphäre durch Gedanken und Feuerzeremonien.
Euer Heilkreis ist eine Möglichkeit.
Liebe hat eine unendliche Bedeutung. Wenn ihr allen Lebewesen mit Liebe begegnet, wenn ihr Ehrfurcht vor dem Leben habt, wenn ihr beginnt, Verantwortung für alles Leben zu übernehmen, dann wird Heilung geschehen.
Achtet sorgsam auf eure Gefühle und Gedanken, sendet Liebe aus. Sendet Liebe ins Universum, und ihr erhaltet Nachricht.
Wenn ihr Liebe empfindet für euch, dann lasst sie in euer Herz. Erfüllt euch damit, und dann lasst sie strahlen und sich ausbreiten. Ich sage euch, wenn ihr mit diesem Tun fortfahrt, wird sie jeden Winkel erreichen.
Die Kraft eurer Gedanken kann dies bewirken. So groß ist meine Allmacht, dass ich eure Gedanken auf den Lichtstrahlen der Sonne durch das gesamte Universum sende.
Sag nicht, ich bin doch nur ein kleiner Mensch, du bist göttlich, du trägst den Funken in dir. Lasse ihn leuchten zum Wohle eurer Erde. Ich tue das Meinige dazu, und ihr werdet erkennen, dass ich euch rette.

ॐ *Habe keine Angst, mein Kind, ich beschütze dich.*
OM SAI RAM

14.06.1995 ~ 5 Uhr

Kommt, die ihr mühselig und beladen seid, kommt zu mir.
Ich breite den Mantel der Liebe um euch, ich führe euch in die

Gefilde der ewigen Liebe. Warum zögert ihr, warum nehmt ihr all diesen Kummer, dieses Leid auf euch? Bringt es mir dar, ich nehme mich allem an. Vergesst eure Zweifel, vergesst eure Skepsis, öffnet euch für mich.
Warum zögerst du? Habe ich nicht alle Zeit an deiner Seite gestanden? Habe ich dir nicht meinen Schutz angeboten? Warum vertraust du nicht dem, der um all dein Leid, deinen Kummer weiß?
O meine Kinder, ich sage euch: Alles, was euch bedrückt, alles, was euch quält, bringt es zu mir. Von diesem Tag an, an dem du erkennst: Herr, dein Wille geschehe, wird sich dein Leben verändern.
Übergib alles mir, reiche es mir dar. Du wirst spüren, wie dein Leben sich wandelt. Frieden wird einziehen in dein Herz. Freude und Zufriedenheit werden deine neuen Begleiter sein. Du wirst erkennen: Wer bei mir angekommen ist, wird bedingungslose Liebe erfahren. Er wird erkennen: Wo auch immer ich bin, was auch immer ich tue, ich bin geliebt und geschützt. Vergiss nie, wer bei mir angekommen ist, bei dem ist Friede und Liebe. Was du dafür tun musst? Nichts, außer: Drehe dich um und gehe auf mich zu. Ich bin alle Zeit bereit, dich bei mir aufzunehmen. Habe Vertrauen und komm nach Hause.

ॐ *HABE KEINE ANGST, MEIN KIND, ICH BESCHÜTZE DICH.*
OM SAI RAM

15.06.1995 ~ 4.50 Uhr

Halte inne, bedenke, was dir wichtig ist, schau nach und prüfe. Ich bin bei dir. Reiche mir deine Entscheidung dar und gehe in die Stille. Manche Dinge in deinem Leben sind nicht besonders wichtig, manche Dinge aber sind so wichtig für dich, dass du gut prüfen solltest, ob du sie aufs Spiel setzen willst.
Überlege genau und entscheide dann. Bei deiner Entscheidungsfindung denke immer daran: Liebe und Zuneigung sind wichtig in deinem Leben. Verantwortung für dich ist das, worauf du achten solltest. Verantwortung für dein Leben, dein Wohlbefinden. Ich habe für all deine Entscheidungen Verständnis. Ich kann erkennen, wie du deine Entscheidungen triffst.

Wenn du in deiner Liebe bleibst, wenn du erkennst, dass alles, was du tust, dich auf deinem Weg hält, dem Weg zu deiner inneren Quelle, wenn du das bedenkst, dann wird auf deiner Entscheidung auch mein Segen liegen.
Ich weiß, mein Kind, manchmal im Leben wird man vor schwere Entscheidungen gestellt. Ich schicke dir deine Prüfungen, um zu erkennen. Ist es dir ernst mit deiner Hingabe? Hältst du die kleinen Prüfungen aus, oder ist dir deine Unabhängigkeit wichtiger als der Weg der Hingabe? Bedenke, Hingabe und Liebe sind der Quell dieses Lebens. Halte die Quelle frei, lasse sie fließen, und du wirst glücklich sein.
Dein ganzes Leben warst du auf der Suche nach ihr, jetzt bist du angekommen. Angekommen bei dir.

ॐ *HABE KEINE ANGST, MEIN KIND, ICH BESCHÜTZE DICH.*
OM SAI RAM

18.06.1995 ~ 2 Uhr

Anmerkung: Wir waren eingeladen gewesen, und ich war spät ins Bett gegangen. Ich spürte die Energie, die mich weckte, aber ich war so müde und wollte weiterschlafen. Plötzlich erklang das Läuten eines Weckers. In unserer Wohnung gibt es keinen Wecker. Ich hatte verstanden und stand auf.

Menschen, die an die göttliche Energie angeschlossen sind, haben eine Aufgabe. Die Aufgabe besteht darin, Dinge zu tun und anzunehmen, die einem dargereicht werden. Du hast eine Verantwortung übernommen. Die Verantwortung lautet, Kanal zu sein, Kanal für die himmlischen Mächte.
Die Macht des Lichts und der Liebe. Liebe ist dein Begleiter. Erkenne deinen Weg, gehe ihn unbeirrt. Achte auf deine Lebensweise, du brauchst Schlaf, du brauchst Ruhe. Du bist Kanal, halte dich bereit.
Danke, dass du erwacht bist, aber ich spüre deine Müdigkeit. Höre auf meine Stimme, lasse mich entscheiden. Gehe jetzt schlafen, ich rufe dich später.

ॐ *HABE KEINE ANGST, MEIN KIND.*
OM SAI RAM

19.06.1995 ~ 2.50 Uhr

Lebe dein Leben, lebe deine Liebe, mache all dein Tun und Sein mir zum Geschenk. Erkenne, dass der Weg zu mir dich zu dir bringt. Wenn alles, was du bist, seinen Anfang in mir genommen hat, wirst auch du erkennen, dass alles Suchen nur dazu dient, mich zu finden.
Wenn ihr klein seid, seid ihr mir noch sehr nah, eure Seele weiß um eure Zugehörigkeit. Ihr wachst heran, und mit jedem Jahr entfernt ihr euch ein Stück von mir.
Ihr vergesst, dass euer Inneres ruft. All euer Tun ist nach außen in die Welt gerichtet. Verborgen in dir liegt die Erinnerung. Du lernst und arbeitest, vielleicht heiratest du, baust deinen Beruf aus, bekommst Kinder. Du erlebst die ersten Trennungen von Großeltern, von Eltern. Du spürst den Hauch der Trennung.
Du beginnst zu fragen: »Was kommt dann?« Du bekommst eine Ahnung von Trennung und Schmerz. Du wirst erinnert, aber oft bleibt es dabei. Du wirst älter, du siehst, wie das Leben mit all seiner Freude und seinem Leid vergeht. Du beginnst nachzudenken: »Was wird aus mir? Was wird sein?«
Dann neigt sich dein Leben dem Ende zu. Du verlässt diese Welt und wirst in das Rad der Wiedergeburt eingegliedert.
Du darfst die Reise zu mir noch einmal antreten, denn du hattest nur den Zeitlauf gelernt.
Du wirst erneut geboren, diesmal verläuft dein Leben tragischer, voller Schmerz und Leid, voller Trauer, und wieder hast du am Ende die Chance verpasst, etwas von deinem Ursprung zu erkennen.
So geht es viele Leben im Auf und Ab der Zeiten. Du bewältigst viele Aufgaben, du hast viele Erkenntnisse. Dann plötzlich in einem Leben geschieht das Wunderbare, du erlebst deine Gotteserfahrung bewusst.
Du erkennst, und von diesem Tage an bist du mir nah. Du erfährst die Gnade, dein inneres Wesen zu entdecken. Ab diesem Tage wird dein Suchen nicht mehr aufhören, das Suchen nach deinem Ursprung. So lange, bis du ihn gefunden hast. Dann wirst du frei sein vom Rad der Wiedergeburt, dann hast du deine Aufgabe erfüllt.
Darum, mein Kind, wache auf und erkenne. Der Weg zu mir,

der Weg zu dir, ist immer der Weg der Liebe. Darum mögen Liebe und Licht in dich eindringen und dein Sein erfüllen, auf dass du zu mir zurückkommst. Auf dass sich die Prophezeiung bewahrheite: Der Vater und ich sind eins.

ॐ *HABE KEINE ANGST, MEIN KIND, ICH BESCHÜTZE DICH.*
OM SAI RAM

20.06.1995 ~ 2.30 Uhr

Eingebunden in den Wandel der Zeiten bist du, mein Kind.
Alles Werden, alles Sein kommt von mir.
Von Anbeginn der Welt habe ich erkannt, dass alles Werden nur einen Sinn hat, wenn es belebt wird, belebt durch das Sein meines göttlichen Fühlens und Denken, durch das Sein meiner göttlichen Liebe.
Du, mein Kind, bist Ausdruck meines göttlichen Seins. Ich schuf dich nach meinem Ebenbild. Damit der Spiegel geschaffen wurde, der Spiegel meiner unendlichen Liebe.
Die Liebe entstand aus der Einheit und ging in die Qualität.
Nun gab es das Ich und das Du. Hier aber entstand das Problem der Menschwerdung. Du strebtest immer von mir fort, um dich wieder in der Qualität zu finden.
Damit begann der Kreislauf von Sein und Werden. Du durftest dich von mir entfernen, um immer wieder zu mir zurückzukehren. Das war der Beginn vom Kreislauf des ewigen Lebens.
Bedenke, was auch immer du bist, was auch immer du tust im Strom der Zeit, du bist mein, du bist beschützt.
Ich wache über dich wie eine Mutter, ich lenke dich und führe dich wie ein Vater. Doch was immer du tust, wie weit du dich auch entfernst, letztendlich kehrst du zurück.
Niemand geht verloren, das Licht meiner göttlichen Liebe findet ihn, und irgendwann kommst du nach Hause.
Laufe, mein Kind, und lerne die Vielfalt kennen, um letztlich in die Einheit zurückzukehren.
Das ist das Wunder des Lebens, seit Anbeginn.

ॐ *HABE KEINE ANGST, MEIN KIND, ICH BESCHÜTZE DICH.*
OM SAI RAM

21.06.1995 ~ 1.15 Uhr

Wenn du ein Problem hast, schau es dir an. Erkenne, wo deine Anteile liegen. Prüfe genau. Laufe nicht vor einem Problem davon, stelle dich ihm. Denke nicht, wenn ich nicht hinschaue, vergeht es. Ja, manchmal erledigt es sich, dieses Problem, aber glaube ja nicht, dass es wirklich vorbei ist. Es kommt wieder auf dich zu. Darum rate ich dir, schau es genau an. Dann, wenn du erkennst, es ist immer das Gleiche und du bist nicht fähig, es zu lösen, reiche es mir dar.
Glaube mir, wie groß dein Problem auch ist, wie sehr es dich auch bedrängt, es wird mit meiner Hilfe gelöst. Wende dich nur vertrauensvoll an mich. Darum, mein Kind, weine nicht. Denke immer daran, alles im Leben hat einen Sinn, wenn auch nur, um dir zu zeigen: Nein, so will ich es nicht, nein, das ist nicht mein Weg! Siehst du, hier ist schon der neue Anfang. Es ist nicht mein Weg! Wenn du merkst, du hast dich verirrt, dann halte inne, erkenne, dass der Weg neu gefunden werden muss. Jetzt hast du die Wahl zurückzugehen und zu schauen, wo bin ich auf den falschen Weg geraten.
Du kannst auch sagen: »Egal, ich bin jetzt hier, ich versuche meinen neuen Weg zu finden, irgendwo wird es schon einen neuen Weg geben, der mich zum Ziel führt.«
Du kannst auch Umwege gehen. Aber glaube mir, das Beste ist, du schaust dir deinen Weg vorher an.
Halte fest, wohin du willst, bitte mich, deinen Weg zu begleiten, und glaube mir, du wirst auf dem richtigen Weg sein, wo immer er dich hinführt.

ॐ *Habe keine Angst, mein Kind,*
dein Weg ist beschützt, wohin auch immer du gehst.

22.06.1995

Du musst eine Entscheidung treffen. Dein Herz und dein Verstand sind im Zwiespalt. Wäge ab, befreie dich vom Außen, gehe nach Innen. Du darfst dich nicht selbst verleugnen. Du darfst nicht nur an deine Wünsche denken, versuche auch die andere Seite zu sehen. Erkenne, was wichtig ist. Du hast eine Aufgabe zu erfüllen. Licht und Liebe in die Welt zu bringen.

23.06.1995 ~ 4 Uhr

O Mensch, der du mich erkennst, du hast gelernt, dass alles Sein durch mich entstand. Lasse dich ein auf das Spiel meines göttlichen Plans. Lerne die Vielfalt kennen, die Vielfalt meines göttlichen Plans. Bist du bereit, mit mir das Spiel des Lebens zu spielen? Die Veränderungen des Lebens haben begonnen, ich will dich neue Wege führen. Wege, die dich erkennen lassen, dass alles, aber auch alles, der Veränderung unterliegt. Ich habe durch meinen göttlichen Willen die Veränderung eingeleitet, damit dieses Menschengeschlecht erkennt, dass alles Tun, alles Werden von dem Einen, von Gott, entstand.
Mache, o Mensch, dich bereit für das Neue. Der, der bei mir angekommen ist, der mich erkannt hat, darf bei der Neuordnung mithelfen, mithelfen, meine göttliche Liebe zu verbreiten. Denn nichts wird wichtiger sein für die Menschheit als der Glaube an die Unauslöschlichkeit meiner Liebe zu euch. Was auch immer geschehen mag, wie auch immer die Veränderung aussehen mag, eins ist gewiss: dass Liebe und Licht, Vertrauen und Glaube unveränderlich sind.
Meine Liebe wird die erfüllen, die bereit sind zu erkennen. Mein Licht wird denen leuchten, die meine Liebe in sich aufnehmen. Vertrauen in meine unendliche Liebe wird der Strahl sein, der euch alles überdauern lässt.
Glaube an meine Allmacht und an meine Liebe zu euch, sie wird die bewahren, die erkennen.
Darum, o Mensch, öffne dich, erkenne, dass all dein Suchen nur einen Sinn hat – mich in dir zu finden. Denn wer angekommen ist bei mir, den befreit meine Liebe und Gnade von allem Leid. Halte inne und lausche, lausche auf deine innere Stimme, wie das Rauschen des Meeres ist der Strom in dir, der das Lied meiner Liebe singt.

ॐ *HABE KEINE ANGST, MEIN KIND, ICH BESCHÜTZE DICH.*
OM SAI RAM

25.06.1995 ~ 3.30 Uhr

Vergiss den Kampf, vergiss dein Leid, vergiss alles, was du an altem Denken und Fühlen empfunden hast. Wende dich ab von

den Fesseln deines Bewusstseins. Begib dich in die Schwingungen meiner göttlichen Liebe. Folge dem Ruf meiner Lehre, und du wirst in eine neue Bewusstseinsebene eintreten.
Immer wieder bist du Wege des Suchens und des Erkennens gegangen, aber nun, wenn du dich einlässt auf mein göttliches Spiel, werden dir Wege gezeigt, die dich erfüllen, die dich aufnehmen in das Spiel der himmlischen Heerscharen.
Mache dich bereit für das große Spiel der Liebe. Neue Veränderungen werden dich erfüllen, neue Aufgaben deine Begleiter sein. Du wirst eingefügt in meinen göttlichen Plan, wenn du bereit bist, dich einzulassen auf mich.
Vertraue mir und meiner Führung, und du wirst ein glückliches und zufriedenes Leben führen, erfüllt von allem Schönen und Guten, dem Glauben an die Unauslöschbarkeit meiner göttlichen Liebe, die dir Kraft und Trost spendet, wann immer du dich an mich wendest.
Darum, mein Kind, wenn du bei mir angekommen bist, was bedrückt dich dann noch? Nur der Mangel an Vertrauen, und das, mein Kind, solltest du umwandeln. Wo auch immer sich dieses Gefühl einstellt, wandle es um in dir.
Denn glaube mir, Liebe, Licht und Glaube sind der Garant für dein Glück.

ॐ *Habe keine Angst, mein Kind, ich beschütze dich.*
OM SAI RAM

27.06.1995 ~ 3.30 Uhr

Vergib ihnen, denn sie wissen nicht, was sie tun. Das ist es, was meine Liebe zu euch ausmacht: Vergebung, Vergebung all euren Tuns. Was auch immer ihr tut, was auch immer im Laufe der Zeiten geschah, immer war es meine Vergebung, die euch bewahrte. Aber euer Handeln wurde aufgezeichnet, wurde für euch aufbewahrt. Damit ihr aus eurem Tun lernen solltet.
Die Guten und schlechten Dinge sollten das Maß sein, an dem man euch erkennt. Ihr solltet für alles eine neue Chance bekommen. Immer wieder durftet ihr die Gelegenheit wahrnehmen, euch von alter Schuld zu befreien.
Sieh, das ist das größte Wunder meiner Gnade: Nicht Verdamm-

nis, nicht Schuld noch Sühne ist die Antwort auf euer Tun, sondern immer wieder habt ihr die Wahl, euch von der Schuld zu befreien. Durch ein Leben in Liebe, Wahrheit, Frieden, Rechtschaffenheit und Gewaltlosigkeit.
Je mehr ihr dieses lebt, je mehr ihr erkennt, dass die Tugenden euch erfüllen werden, desto mehr werdet ihr frei werden.
Frei vom Rad der Wiedergeburt.
Darum erkenne und gehe deinen Weg zu mir, damit du auf dem Weg meiner Vergebung den Weg zu mir findest.
Sieh, das ist der Weg aus der Verstrickung. Das ist das, was ich euch erkennen lassen darf. Nun hast du die Verantwortung, dich zu leiten und zu führen, wohin du gehen willst.
Das ist wieder dein eigener freier Wille. Ich will dir damit zeigen, wie sehr ich dich liebe, egal, wie du dich entscheidest, du bist mir nah. Meine Liebe ist bei dir alle Zeit.

ॐ *Habe keine Angst, mein Kind, ich beschütze dich.*
OM SAI RAM

28.06.1995

Was auch immer in deinem Leben geschieht, du hast die Wahl zwischen dem Weg des Glücks und der Liebe oder dem Weg des Leidens und der Schmerzen.
Sage nicht, alles ist vorbestimmt. Ich gab dir den freien Willen, den Willen und den Mut zu entscheiden: Welchen Weg möchte ich gehen.
Menschen werden geboren mit all ihren Verpflichtungen aus früherer Zeit, mit Anlagen und alten Mustern, aber auch mit Erkenntnissen, die man in sich trägt. Nun kommen die neuen Erlebnisse hinzu. Alte Schulden werden abgetragen, neue Verpflichtungen wachsen.
Ja aber, das ist doch genau das, was ich sage! Wo ist denn da mein freier Wille? Ich sage dir, egal, wie hoch dein Lebenskonto ist an diesem Tag, an dem du mich erkennst, ab diesem Tag werden die Zinsen auf deinem Konto wachsen.
Die Zeit der Tilgung ist gekommen. Wenn du den Weg der Liebe und des Glaubens betrittst, wird es ein Rückwärtszählen deiner alten Schuld sein. Darum lasse dich ein auf mein gött-

liches Spiel. Öffne dich für die Allmacht meiner Liebe. Wer angekommen ist bei mir, wer erkennt, dem werden die Engel des Himmels beistehen, den wird Licht und Liebe erfüllen, und bei dem Licht und Liebe einziehen, der hat den Frieden in sich. Der Herr segne und behüte dich, er lasse sein Licht leuchten über dir und sei dir gnädig.

ॐ *HABE KEINE ANGST, MEIN KIND, ICH BESCHÜTZE DICH.*
OM SAI RAM

29.06.1995 ~ 2.30 Uhr

Warum seid ihr oft so traurig und verzweifelt, warum überlasst ihr euch euren Depressionen? Weil ihr verlernt habt, in eurer Mitte zu sein. Immer wieder lauft ihr Dingen nach, die euch verunsichern. Immer wieder seid ihr auf der Suche nach Abwechslung und neuen Erfahrungen. Hört auf damit, wendet euch eurem Innern zu, dort findet ihr alles, was ihr zum Glücklichsein braucht. Ich habe alles vorbereitet.
Wenn du dich doch endlich entschließen könntest, zu deinem Glück zurückzukehren. Suche und finde mich in dir. Dann werden all deine Unruhe und deine Hast vergehen, vergehen wie der Sommerwind an einem warmen Morgen.
Halte inne und lasse dich ein auf Kräfte, die dir gegeben sind von mir, die dich alle Stürme des Lebens überdauern lassen, die dich in die Gefühle des höchsten Friedens bringen können.
Es ist nichts, was du kaufen, was du erwerben kannst, nicht für alles Geld der Welt würdest du es bekommen. Du wirst es nirgendwo finden, wenn du auch alle Zeiten und alle Welten durchlaufen würdest.
Es ist so einfach und darum für euch Menschen manchmal unverständlich. Das, was du ständig im Außen suchst, das, wovon du meinst, es sei in der Partnerschaft und in Beziehungen zu finden, all das liegt in dir.
Es ist die ewige Flamme, die in dir brennt. Entdecke sie, zünde sie an, und ihre Wärme wird dich erfüllen mit meiner göttlichen Liebe. Wenn du sie entzündet hast, dann lasse sie leuchten und dich erfüllen, dann lasse sie strahlen, und alle, die mit dir sind, werden gewärmt werden von diesem Licht.

Das Glück, das du im Außen suchst, wird da sein. Denn wer die Flamme in seinem Inneren trägt, wird Frieden finden.
Den Frieden, der über allem steht, einen Frieden, der alles verbindet, Frieden mit dir selbst. Und siehst du, ist es nicht das, was du immer wolltest? Darum, mein Kind, begib dich noch heute an die Quelle deines Seins, deinen eigenen göttlichen Funken, und lasse ihn leuchten.

HABE KEINE ANGST, MEIN KIND, ICH BESCHÜTZE DICH.
OM SAI RAM

Mensch, der du das totale Ebenbild meines göttlichen Seins bist, erkenne dich selbst, und du wirst frei sein.

01.07.1995 ~ 2.30 Uhr

Warum zweifelst du an Dingen, die du nicht verstehst? Glaube mir, alles Wissen ist in dir gespeichert. Alles, was dir widerfährt, alles, was dir begegnet und wichtig für dich ist, wichtig für deine Weiterentwicklung, wird für dich aufgehoben, nichts geht verloren im Strom der Zeit. Weil alles seinen Ursprung in mir genommen hat, kam es als Wissen zu dir zurück. Du aber, Mensch, warst wie ein Moloch, du verschlangst alles und verlangst immer wieder nach mehr.
Jetzt sollt ihr euer Wissen und alles andere wiederfinden. Es soll euch dienen, es soll euch erfüllen mit eurem ...
Ute, geh ins Bett, du bist zu müde, deine Gedanken lassen sich nicht steuern, du driftest ab.
Bringe Gleichmaß in dein Leben, ich helfe dir.

HABE KEINE ANGST, MEIN KIND, ICH BESCHÜTZE DICH.
OM SAI RAM

03.07.1995 ~ 3.55 Uhr

Ich führe dich auf dem Weg des Lebens. Im Auf und Ab der Zeit habe ich dir viele Dinge gezeigt, du durftest erkennen, dass das Leben eine Vielzahl von Möglichkeiten bereithält. Du hast stets deinen freien Willen, ob du ihn nutzt oder ungenutzt lässt. Der Wandel, der sich immer wieder vollzieht, gibt dir die Mög-

lichkeit, dich zu entwickeln. Du darfst erkennen, dass alles in deinem Leben einen Sinn hat.
Oft lehnst du es ab, dich in eine neue Entwicklungsstufe zu begeben, du harrst aus, und darum musst du viele Dinge immer wieder erleben. Du bekommst sie immer wieder vorgesetzt, bis du bereit bist, deine Lektion zu lernen.
Versuche zu erkennen, versuche dich zu erinnern. Sei bereit, das Neue zu entdecken und anzunehmen. Versuche, alte Muster zu erkennen und aufzulösen, denn deine Entwicklung liegt mir am Herzen.
Wenn du in deinem Leben nicht weiterkommst, wenn du immer wieder an den gleichen Dingen hängst, dann ist es an der Zeit, deinen Lebensweg zu überdenken. Wenn du nicht mehr weiter weißt, dann halte inne und besinne dich auf deine stärkste Kraft, deine Liebe zu mir. Dein göttlicher Funke in dir ist die direkte Verbindung zu deiner Erkenntnis.
Herr, ich reiche dir mein Problem dar! Herr, ich bitte dich, nimm dich meiner an! Lasse mich erkennen und hilf mir, mich zu verändern!
Das bedeutet nicht, dass du nicht weiter an dir arbeiten sollst, aber glaube mir, wenn du dich an mich wendest, wird alles leichter werden, denn deinem Bitten kann ich nicht widerstehen. Wenn ein Mensch bereit ist, sich unter meine Führung zu stellen, dann wird sein Leben sich mit neuem Lebensmut und neuer Freude erfüllen. Ich bin bereit, dich in meine liebevolle Obhut zu nehmen. Das wird der Beginn eines glücklichen und zufriedenen Lebens sein.

ॐ *HABE KEINE ANGST, MEIN KIND, ICH BESCHÜTZE DICH.*
OM SAI RAM

07.07.1995 ~ 3 Uhr

Bedenke, dass all dein Sein, dass all dein Wollen nur darin besteht, wieder an deinen Ursprung zurückzukehren. Tief in dir ist das Wissen um deinen Ursprung verborgen.
Du wirst geboren, um all das zu lernen, was wichtig ist für deine Entwicklung. Du hast den Wunsch, dort geboren zu werden, wo du die Möglichkeit hast, deine wichtigste Lern-

aufgabe zu bekommen, aber du entscheidest, wann du bereit bist, dies zu tun.
Dann gibt es Situationen in deinem Leben, in denen du dich wieder entscheiden musst, entscheiden, ob du den Weg der Liebe und des Lichtes gehen willst oder ob du einer anderen Kraft folgst. Diese Entscheidung wird euch Menschen nicht leicht gemacht, denn die Verstrickungen der Maya sind groß. Oft gaukelt sie dir vor, dass die Schönheiten und Kostbarkeiten im Außen der Welt liegen, dass Reichtum, Macht, Lust das Wichtigste und Schönste sind. Oft folgst du diesem Schauspiel Jahr um Jahr. Du lässt dich treiben, du findest Gefallen an Äußerlichkeiten, an dem Spiel und denkst nicht daran, dass die Uhr deines Lebens immer weitertickt.
Manchmal ist dieser Weg angenehmer, und lange Zeit glaubst du, alles erreicht und richtig gemacht zu haben.
Dann plötzlich geschehen Dinge in deinem Leben, die dich aufmerksam machen, die dir zeigen wollen: Schau hin, es gibt noch einen anderen Weg!
Wenn du auf einer wichtigen Entwicklungsstufe deines Lebensweges bist, wirst du dies erkennen. Aber nicht immer begreifst du deine Aufgabe. Darum bekommst du immer wieder eine neue Chance. Die Chance, den Weg zu dir zu finden.
Der Weg zu dir ist der Weg der Liebe. Was auch in deinem Leben geschehen mag, wenn du erkennst, dass du ein Wesen des Lichtes und der Liebe bist, dass all dein Sein nur den Wunsch hat, dieses auszudrücken, dann, mein Kind, beginnt dein Leben erst richtig.
Liebe ist es, was dich aufblühen lässt. Wenn du dich erkennst, wird dein Leben erfüllt sein. Darum nutze die Chance, die ich dir immer wieder zeige.
Oft sind es die schmerzhaften Erlebnisse, die dich erkennen lassen: Ich bin nicht allein, ich bin geborgen, getragen von dem Strom der Liebe. Wenn du diese Geborgenheit fühlst, wenn du erkennst: Was auch immer ich getan habe, was auch immer war, ich bin geborgen in der Liebe.
Dann, mein Kind, bist du angekommen.

ॐ *Habe keine Angst, mein Kind, ich beschütze dich.*
OM SAI RAM

10.07.1995 ~ 4.30 Uhr

Friede sei mit dir. Ist es nicht das, was du bei mir suchst? Warum kannst du ihn nicht finden in deiner Welt? Denke nach, mein Kind! Der Frieden, den du suchst, ist in dir. Nicht ich kann ihn dir schenken. Du musst ihn in dir suchen. Du hast die Kraft dazu. Die Kraft liegt auch in dir. Diese Kraft hast du dir in vielen Leben erworben. Sie ist das, was dich immer wieder alles überdauern ließ. Jetzt bist du angekommen bei mir. Der Tag der Entscheidung war gekommen, und du warst bereit, mich zu erkennen. All meine Liebe wurde dir offenbar.
Warum, mein Kind, bist du nun betrübt?
Wer meine Liebe geschaut hat, den sollte keine Trauer mehr erfüllen. Wann immer dein Frieden gestört ist, denke an den einen Moment, den Moment, in dem der Strahl meiner Liebe dich traf. Dann fühle den Strom der Liebe, der uns verbindet. Frieden wird einziehen in dein Herz. Der Friede, der alles überdauert.
Lass dich nicht ein auf die Spiele im Außen. Lebe in der Kraft meines Schutzes und meiner Liebe. Gib sie weiter, trage sie in die Welt, hülle die, die sich dir verbunden fühlen, damit ein. Zeige den Menschen: Seht, ich bin geborgen, geborgen in seiner Liebe.
Was kann euch noch passieren? Die, die Frieden suchen, kommen heim zum Vater. Er breitet den Teppich der Liebe vor euch aus. Ihr müsst nur den Mut haben, ihn zu betreten.
Dieser Moment wird euer Leben verändern.
Es ist wie ein Heimkommen nach einer langen Wanderschaft. Ihr dürft nun ausruhen, ihr dürft Frieden und Liebe finden. Den Frieden, den ihr so lange gesucht habt.
Ich verlange keine großen Dinge dafür, ich schenke ihn euch in dem Moment, in dem ihr erkennt: Ich bin angekommen.

ॐ *HABE KEINE ANGST, MEIN KIND, ICH BESCHÜTZE DICH.*
OM SAI RAM

14.07.1995 ~ 2.05 Uhr

Lebe dein Leben, lebe deine Liebe, lebe deinen Traum.

16.07.1995 ~ 4.50 Uhr

Du sollst erkennen, was du bist. Du sollst Vertrauen haben. Du bist ein einmaliges, unverwechselbares, unauslöschbares Wesen. Nichts ist wie du, nichts wird jemals so sein wie du. Weißt du, was das bedeutet? Kein anderes Wesen, nichts in diesem Universum ist dir gleich. Dieses Wunder gibt es nur einmal, und das bist du. Erkennst du jetzt, wie wunderbar du bist? Und obwohl du diese Eigenschaft hast, haderst du.
Ich frage dich: Warum, o Mensch, bist du so kleingläubig? Warum, glaubst du, wurde bei deiner Erschaffung so viel Sorgfalt walten gelassen? Weil Gott dich liebt. So, wie du bist, einzigartig und einmalig. Wie aber gehst du mit dem Geschenk deines Lebens um? Du versuchst, immer anders zu sein, bist unzufrieden, haderst, versuchst die unmöglichsten Dinge, um dich zu verändern, anderen gleich zu sein. Du versuchst oft, genau so zu sein, wie dieser oder jener.
Erkenne, o Mensch, deine Einmaligkeit ist es, die du behalten darfst. Dass du so bist, wie du bist, ist das größte Wunder, das es gibt. Darum erkenne, dass du ein Geschöpf der Liebe bist. Du wurdest geboren aus Liebe zu euch Menschen, und ihr bekamt noch ein Geschenk von mir. In euch schlummert der göttliche Funke, und daran sollst du meine Liebe zu dir erkennen. Ich gab dir etwas ab von mir. Ich teile meine Allmacht mit dir. Die Allmacht der Liebe, denn nur sie wurde den Menschen gegeben und keinem anderen Wesen.
Das drückt es aus, wenn ich sage: Ich schuf euch nach meinem Ebenbild. Dieser Teil in euch ist der Ausdruck meiner unendlichen Liebe und Gnade. Das ist es auch, was dich unauslöschlich mit mir verbindet, denn nie, niemals kann dieser Funke in dir ausgelöscht werden. Er überdauert alle Zeit.
Siehst du nun, wie und was du bist? Nimm es an und erkenne: Ich und der Vater sind eins! Wenn du dies erkennst, o Mensch, ab diesem Tag wird Friede und Liebe in dir sein. Dann bist du angekommen bei dir und mir. Darum denke immer daran, die Allmacht der Liebe kann alles in deinem Leben verändern, ab dem Tag, an dem du sie erkennst.

Habe keine Angst, mein Kind, ich beschütze dich.
OM SAI RAM

18.07.1995

Was auch auch immer geschieht, bleibe in deiner Mitte, lasse die Schmerzen, lasse die Freude vorbeiziehen. Alles ist dem Wandel unterworfen. Lerne, darauf zu vertrauen, dass alles, was dir geschieht, nur einen Sinn hat, den Kreislauf des Lebens an dir vorbeiziehen zu lassen.
Glaube mir, alles in deinem Leben hat einen Sinn. Alles Planen, alles Tun. Vertraue darauf, du bist beschützt.
Glaube mir, im Auf und Ab deines Lebens werden dir viele Dinge geschehen, aber wenn du dich mir anvertraust, wirst du alle Stürme des Lebens überstehen. Sei biegsam, dann wird dein Leben einfacher, und niemand kann dich brechen, wie groß die Veränderungen auch sein mögen, die dich ereilen.
Höre auf deine innere Stimme, vertraue ihr, lasse dich leiten von ihr und führen, und dann bleibe in deiner Mitte, und du wirst geführt werden.

ॐ *Habe keine Angst, mein Kind, ich beschütze dich.*
OM SAI RAM

19.07.1995

Beginne den Tag mit Gott, beende den Tag mit Gott. Diese beiden Dinge sind ein wichtiger Teil unserer Beziehung. Wenn du sie befolgst, wirst du merken, wie tröstlich sie sein kann.
Nicht große Dinge sollen es sein, oft genügt ein kleines Gebet.
Aber allein der Gedanke, da ist jemand, dem kann ich mich anvertrauen, da ist einer, der meine Sorgen und Nöte versteht, der teilnimmt an meiner Freude!
Reiche mir alles dar, ich will es mit Liebe betrachten, was auch immer dich betrübt.
Weißt du, ein kleines Gespräch kann oft eine große Hilfe sein.
Im Dialog mit mir erfährst du oft schnelle Hilfe.
Lasse dich ein auf mich.
Glaube mir, worum immer du bittest, ich will dir helfen, Wege der Lösung zu finden. Denn eines ist so wahr wie die Sonne, die jeden Morgen aufsteigt und euch Licht und Wärme schickt, unausweichlich ist der Strahl meiner Liebe, der dich trifft, wo immer du dich auch befindest.

Ich hülle dich damit ein, wann immer du ihrer bedarfst. Ich werte nicht, ich urteile nicht, ich bin einfach für dich da. Darum habe keine Angst, dich meiner Liebe anzuvertrauen, sondern nimm sie an, sie wird dich verändern, sie wird dich erfüllen. Wenn du bereit dazu bist, dann wird sie dir Trost und Kraft geben. Darum lasse dich ein auf die Zwiesprache mit mir, und dein Leben wird sich verändern.
Vertraue auf die Allmacht meiner Liebe und Gnade.

ॐ *Habe keine Angst, mein Kind, ich beschütze dich.*
OM SAI RAM

21.07.1995

Beginne den Tag mit Liebe, beende den Tag mit Liebe, das ist der Weg zu Gott.
Du fragst: Ja, aber ich versuche doch liebevoll und ausgeglichen zu sein, und immer wieder begegnen mir Menschen, die alles über den Haufen werfen, die unzufrieden und aggressiv sind und mich oft mit negativen Dingen belasten. Es ist so schwer, dann in der Liebe zu bleiben.
Wie soll ich liebevoll und sanftmütig bleiben, wenn ich ständig mit negativen Dingen belastet werde? Soll ich alles hinnehmen? Was ist, wenn ich selber nicht in der Liebe bleibe, weil irgendwelche Dinge mich ärgern oder aufregen? Habe ich dann nicht immer wieder das Gefühl, versagt zu haben?
Mein Kind, siehst du, das alles sind Argumente, die dich im Voraus schon vom Hauptgrund deines Lebens abbringen.
Du sollst Vertrauen haben, Vertrauen in mich, der alle deine Wege begleitet, der dir immer wieder zeigen will, was auch geschieht, bleibe dir treu, bleibe in der Liebe zu dir.
Nur, wenn du den Sinn der Liebe begreifst, wirst du verstehen, was ich meine.
Natürlich wirst du immer wieder mit Dingen konfrontiert werden, die dich erregen, die dich verunsichern, aber entscheidend bei allem, was dir widerfährt, ist: Was will es mir zeigen?
Und glaube mir, alle Dinge, die dir begegnen, wollen dir etwas klarmachen. Es ist aber wichtig für dich, dass du weißt, egal, was passiert: Gott liebt mich.

Wenn du diese Gewissheit in dir bewahrst, wird dein Leben sich verändern. Alle Dinge, die dir begegnen, kannst du dann aus einem anderen Blickwinkel sehen.
Wenn die Gewissheit meiner Liebe dich erfüllt, wirst du auf Dauer auf Situationen anders reagieren. Nicht, dass sie dir nicht mehr begegnen, aber die Gewissheit, geliebt zu werden, wird dich verändern. Darum lasse dich ein auf meine Liebe, bewahre sie dir. Denke auch immer daran: Jeder, der dir begegnet, hat den Funken meiner Liebe in sich.
Und jetzt frage ich dich: Würdest du mit mir so umgehen, wie du es manchmal mit anderen tust?
Siehst du, dass ist das ganze Geheimnis meiner Liebe zu dir.

ॐ *Habe keine Angst, mein Kind, ich beschütze dich.*
OM SAI RAM

22.07.1995 ~ 3.50 Uhr

Es ist der Weg der Liebe, den du gehen sollst, meiner Liebe.
Du denkst: Das ist ein hoher Anspruch, wie soll mir das möglich sein, göttliche Liebe zu verbreiten? Ich aber sage dir: Wer meine Liebe erkannt hat, wer sie aufgenommen hat in sich, der hat die Aufgabe, sie in die Welt zu tragen.
Ängstige dich nicht, mein Kind, die Strahlen der Liebe werden dich erfüllen, und du wirst neue Wege gehen, geführt von mir. Lasse dich ein auf mein göttliches Spiel, öffne dich für die Allmacht meiner Liebe, sie wird dich leiten.
Halte dich bereit, meinem Ruf zu folgen, dem Ruf, der dich tragen wird auf den Schwingen des Adlers zu mir.
Vieles wird sich verändern, neue Wege werden beschritten werden. Du darfst daran teilhaben, wenn du dazu bereit bist, bereit, bei der Neuordnung mitzuhelfen. Bei der neuen Ordnung, die getragen wird von meiner Liebe.
Ich habe gesagt, ich will die neue Ordnung zu euch bringen, ich will, dass ihr euch achtet und euch gegenseitig mit Liebe begegnet. Darum bin ich in diese Welt gekommen, um neue Werte in euer Leben zu bringen: Wahrheit, Rechtschaffenheit, Liebe, Frieden und Gewaltlosigkeit sind es, was die Erde so dringend benötigt.

Helft mit, die neue Ordnung herzustellen. Folgt meiner Liebe und Gnade, und Liebe wird euch erfüllen. Jeder, der meinen Ruf vernahm, wird eingefügt in das große Ganze.

ॐ *HABE KEINE ANGST, MEIN KIND, ICH BESCHÜTZE DICH.*
OM SAI RAM

24.07.1995 ~ 3.50 Uhr

Glaube und Hoffnung sind es, die den Menschen erhalten. Glaube an die Dinge, die größer sind, als der menschliche Verstand es ermessen kann.
Selbst Menschen, die nicht an die göttliche Existenz glauben, spüren tief in ihrem Inneren, dass etwas existiert, das größer und gewaltiger sein muss als alles, was sie wahrhaben wollen. Selbst der noch so analytische Verstand weiß, dass es etwas gibt, das er nicht erklären kann.
Was, glaubst du, ist dieser winzige Gedanke, der ihn letztendlich doch zu dem Schluss kommen lässt: Vielleicht gibt es ihn ja wirklich, diesen Gott.
Glaube mir, mein Kind, jeder kommt in seinem Leben einmal an den Punkt, an dem er erkennen darf, und wenn der Glaube ihn nicht erreicht, bleibt ihm immer noch die Hoffnung auf meine Liebe und Gnade.
Meine Liebe erreicht ihn, selbst wenn er sich noch so weit entfernt von mir. Manchmal dauert es bis zur letzten Sekunde seines Lebens, bis er erkennt. Aber in diesem Augenblick, in dem die Seele den Körper verlässt, ist die Vereinigung mit mir wieder vollzogen.
Glaube mir, dabei entgeht dem Menschen, der sich nicht einlässt auf meine Liebe, so viel Schönes und Wunderbares. Vieles in deinem Leben bekommt einen neuen Sinn ab dem Tage, an dem du bereit bist, dich einzulassen auf mich.
Ich weiß, vieles ist euch Menschen unverständlich, vieles ist für euch unfassbar. Aber warum macht ihr euch das Leben so schwer? Warum quält ihr euch immer wieder und versucht andere Wege zu gehen, andere Lösungen zu finden?
Habe Vertrauen in meine Allmacht und Liebe. Sie wird dich führen und leiten ab dem Tag, an dem du sie erkannt hast und

bereit bist, mir all deine Sorgen, all deine Freude darzubringen und sie mir zu übergeben.
Herr, dein Wille geschehe. OM NAMAH SHIVAYA.
Ab diesem Tag wird Friede in dir sein. Er wird dich erfüllen, er wird dir Trost und Hilfe sein.
Darum, mein Kind, laufe in die Arme deines Vaters, deiner Mutter, und ich werde dich auffangen und einhüllen in die Geborgenheit meiner Liebe. Nichts, was auch immer es sein mag, wird dich entfernen von mir und der Gnade meiner Liebe zu euch Menschen.
Darum, wo immer du dich in diesem Augenblick auch befindest, halte inne und spüre in dich hinein, lasse dich leiten von mir. Ich werde dich erretten.

ॐ *HABE KEINE ANGST, MEIN KIND, ICH BESCHÜTZE DICH.*
OM SAI RAM

25.07.1995 ~ 3.50 Uhr

Laufe nicht vor den Schwierigkeiten deines Lebens davon, schaue sie dir genau an. Wenn du nicht weiterkommst, wenn du dir nicht klar wirst, warum du sie hast, dann übergib sie mir. Ich will dich leiten und führen. Oft ist dir nicht bewusst, dass du nicht hinsehen willst, du hast gelernt, unangenehme Dinge zu verdrängen. Aber, glaube mir, alle verdrängten Dinge haben die Angewohnheit, dich zu belasten.
Zuerst nehmen sie dir deine Lebensfreude, dann deinen inneren Frieden und zum Schluss sogar deinen Lebenstrieb, du wirst krank. Du solltest nicht darauf warten und dann zu mir kommen und sagen: »Swami, hilf mir, befreie mich von dieser Krankheit, diesen Schmerzen.«
Ich helfe dir, mein Kind, aber nicht das Resultat ist es, was wir auflösen müssen, sondern die Ursache deiner Krankheit gilt es zu ändern: dein Leben, deine Lebensumstände. Prüfe genau, gehe an den Anfang zurück, und dann wollen wir mit der Veränderung beginnen, sonst hätte meine Heilung keinen Sinn, wäre nur eine kosmetische Operation an der Oberfläche. Aber ich will dich erneuern, ich will dir helfen, dich von den Ursachen zu befreien. Darum, mein Kind, sei ehrlich mit dir selbst,

habe den Mut, den Problemen ins Auge zu sehen. Sei gewiss, jede Bitte, die du an mich sendest, wird erfüllt werden.
Denn niemand, der den Weg zu mir beschritten hat, wird ohne Trost und Hilfe bleiben. Der Weg zu mir ist der Weg der Befreiung von alten Lasten. Wer aufrichtig bittet: »Swami, ich lege mein Leben in deine Hände«, dem will ich Befreiung senden. Liebe und Gnade werden dich erfüllen, und ab da wird dein Leben behütet sein. Wer unter meinem Schutz steht, wer sich zu mir begibt, der kann sie empfangen, die Gnade meiner Liebe, die alles verändert.

ॐ *Habe keine Angst, mein Kind, ich beschütze dich.*
OM SAI RAM

27.07.1995

Kommt alle zu mir, die ihr mühselig und beladen seid, ich will euch erquicken.
Siehst du, dieses Angebot gebe ich euch immer und immer wieder. In welcher Not du dich auch befindest, du hast immer die Wahl zwischen mir und Maya. Du brauchst nur zu erkennen: Was will ich?
Willst du den Weg von mir oder zu mir gehen? Wie auch immer du dich entscheidest, meine Liebe bleibt bei dir. Entscheidest du dich für Maya, wirst du viele Dinge erleben, wirst du oft berauscht sein vom Außen.
Sie wird dich einfangen und dir eine laute, bunte Welt vorspielen, in der du dich tummeln darfst, mit allen Spielarten, die ihr Menschen euch ausgedacht habt.
Im Karussell des Lebens wirst du viel erleben. Lange Zeit werden dir diese Lustbarkeiten der Maya gefallen. Manchmal gefällt es dir ein ganzes oder sogar mehrere Leben lang. Du schaust nicht hin. Du spürst nur oft: War das alles, gibt es nicht mehr für mich?
Wenn diese Gedanken dich erfüllen, wenn du dazu noch in eine schwierige Lebenskrise kommst, dann ist oft der Zeitpunkt gekommen, an dem du erkennst: Ich brauche Hilfe.
Siehst du, mein Kind, dann ist der Moment gekommen, in dem ich dir meine Liebe sende, und wenn du bereit bist, ein neues

Spiel zu beginnen, wenn du dich einlässt auf die Wunder meiner Liebe, siehst du, ab da werde ich dich erfüllen.
Ich werde dir neue Wege zeigen, Wege der Ruhe und Zufriedenheit. Du darfst dann erkennen, dass aller Reichtum, alles Glück dieser Erde, das du ständig gesucht hast, schon lange in dir verborgen liegt. Ich werde dir helfen, dieses zu erkennen und Frieden zu finden.

ॐ *Habe keine Angst, mein Kind, ich beschütze dich.*
OM SAI RAM

29.07.1995 ~ 4.50 Uhr

Vergiss die Liebe nicht. Wo immer du dich befindest, wohin immer dein Weg dich führt, halte dir stets die Allmacht der Liebe vor Augen.
Glaube mir, wenn du sie annimmst als einen Teil von dir, wird alles, was dir in deinem Leben begegnet, leichter werden.
Lasse dich tragen von ihr. Hast du ein Problem, kommst du in einer Lebenssituation nicht weiter, dann denke über die Bedeutung der Liebe in deinem Leben nach.
Hole dir dieses Gefühl, welches dich mit mir verbindet, in dein Herz, und überprüfe die Dinge, die dich belasten. Spürst du nun, wie du dich veränderst? Wie du freier wirst in deinen Gedanken und Taten?
Wer meine Liebe in sich trägt, hat den Glauben an das Gute im Menschen zurückbekommen.
Weißt du nun, was ich meine, wenn ich sage: Liebe ist meine Botschaft, meine Botschaft ist Liebe!
Halte dich daran, und auch du darfst daran teilhaben.
Ich will euch erneuern, ich will eure Erde verändern. Ihr sollt lernen, in Frieden und Eintracht zu leben. Die neuen Werte sollen euch erfüllen. Darum beginne noch heute damit, dein Leben zu verändern.
Teile die Liebe, die du empfangen durftest, mit den Menschen deiner Umgebung. Danach breite sie aus, lasse sie über deine Stadt, dein Land, über alle Kontinente bis ins Universum fließen. Dort wird sie empfangen und vervielfältigt über alle Welten getragen werden.

Siehst du, welche Kraft ein Mensch, eine Liebe hat? Sage nie mehr: Ich bin nicht wichtig.
Du bist das wunderbarste, unauslöschbare Ganze. Du bist ein Teil von mir, sei dir dessen immer bewusst.
Und nun liebe, mein Kind!

ॐ *OM SAI RAM*
Ich beschütze dich und deine Liebe.

30.07.1995 ~ 2.20 Uhr

Ich führe und leite dich. Ich möchte, dass du dies ganz tief in dir versenkst. Dieses Wissen um meine Liebe und Gnade sollst du immer wieder erfahren dürfen. Wenn du traurig bist, wenn die Stürme des Lebens über dich hinwegfegen, soll dir immer die Gewissheit meiner Liebe gegenwärtig sein. Denn nichts, was dir geschieht, ist dann mehr wichtig.
Ich weiß, mein Kind, manchmal sind dir meine Wege unverständlich, manchmal empfindest du deinen Lebensweg als mühsam, aber glaube mir, was auch immer dir begegnet, hat nur den Sinn, dir etwas klarzumachen. Je eher du erkennst, je eher du deinen Teil an diesem Geschehen annimmst und erkennst, desto eher wird alles für dich bereit sein.
Du weißt, vieles ist ein wichtiger Meilenstein in deiner Entwicklung. Ent-wicklung, siehst du, dieses Wort drückt alles aus. Es muss ausgepackt werden, was du dir im Laufe deines Lebens alles umgewickelt hast.
Wenn alle Fäden, wenn aller Ballast um dich entfernt wurden, dann kannst du frei vor mich treten und sagen: Hier bin ich, Herr, umgib mich mit dem Gewand deiner Liebe.
Glaube mir, ich werde dich verbinden mit der Herrlichkeit meines Göttlichen. Habe Vertrauen, du bist angekommen bei mir. Die Erkenntnis meiner Liebe wird dein neues Leben leiten, und du darfst diese meine Liebe in die Welt tragen.
Diese Aufgabe wird dich erfüllen und dich vom Schmerz befreien. Nimm es an, das Geschenk meiner Liebe, und vertraue darauf, dass es dir hilft, Frieden zu finden.

ॐ *Habe keine Angst, mein Kind, ich beschütze dich.*
OM SAI RAM

Prashanti Nilayam ist der Ort des höchsten Friedens, komme nach Hause und heile deine Seele.

01.08.1995 ~ 1.10 Uhr

Habe Vertrauen, meine Wege sind dir oft unverständlich, aber glaube mir, sie führen letztendlich alle zu mir. Du musst diese Wege gehen, um zu erkennen und Erfahrungen zu machen, die dir Erkenntnisse und Reifung bescheren.
Du darfst an ihnen wachsen.
Wenn du bereit bist, den Weg der Erkenntnis zu gehen, dann nimm alle Lasten auf dich. Der Weg der Erkenntnis führt immer zu mir.
Am Ende dieses Weges steht die Vereinigung mit deinem unauslöschbaren Sein.
Du bist bereit, ich habe dich gerufen. Du sollst erkennen, dass all dein Suchen einen Sinn hatte. Nie geht ein Flehen, ein Suchen verloren. Ich bin bereit, wann immer du mich rufst.

HABE KEINE ANGST, MEIN KIND, ICH BESCHÜTZE DICH.
OM SAI RAM

02.08.1995 ~ 1.55 Uhr

Krankheit ist immer ein Zeichen für dich, um innezuhalten in deinem Leben. Es ist ein Aufruf, dir alles anzuschauen.
Versuche dich zu besinnen. Was ist mit dir? Was hast du nicht wahrgenommen? Was hast du verdrängt? Glaube mir, ich will dich nicht strafen, ich will dich erinnern. Erinnern daran, dass du vergessen hast, auf deine innere Stimme, den Ruf deiner Seele zu achten.
Immer, wenn dir deine Seele ein Zeichen gab, hast du nicht aufgepasst. Du hattest »Wichtigeres« zu tun, oder aber, was noch schlimmer ist, du hast innegehalten, wolltest es nicht wahrhaben. Du hast, wie ihr so schön sagt, verdrängt.
Doch glaube mir, alles, was man im Leben verdrängt, kommt an anderer Stelle mit noch größerer Kraft zum Vorschein.
Mein Kind, du brauchst nicht wegzusehen, ich will dir helfen. Weißt du nicht, dass meine Liebe dich immer beschützt, dass,

wenn du ihr vertraust, sie dir immer den richtigen Weg zeigen wird? Warum lässt du dich nicht ein auf meine Liebe?
Ich sage dir, es kommt der Tag, an dem du begreifst: Was auch immer passiert, welche Dinge dir auch begegnen, lege sie in die Hand deines göttlichen Vaters. Glaube mir, wer mir seine Sorgen und Lasten darreicht, wird Hilfe bekommen. Aber du musst auch offen sein, die Hilfe zu sehen und anzunehmen.
Das Geheimnis unserer Verbindung ist die Kraft des Glaubens. Glauben an die Allmacht meiner Liebe.
Habe die Gewissheit, wer sich ihr ergibt, wer sich öffnet für sie, der wird Hilfe empfangen. Manchmal musst du viele Umwege gehen, viele Dinge erfahren, die dich erkennen lassen.
Krankheit und Schmerz sind ein Weg zu erkennen.
Glaube mir, lieber würde ich dir Freude senden, aber ihr Menschen habt euren freien Willen, und der führt euch auf eurem Weg, so lange, bis ihr erkennt, jetzt ist der Punkt gekommen, an dem ich Hilfe in meiner Not brauche.
Wenn du mich rufst, dann will ich eingreifen in deinen Weg, dann will ich dem Schrei aus der Tiefe deiner Seele folgen.
Dann will ich dir meine Hilfe senden. Du brauchst nur innezuhalten und sie empfangen.
Wenn du bereit bist, dich unter meinen Schutz zu stellen, werde ich die Engel des Himmels senden. Sie werden dich behüten und dir den Weg zu mir weisen. Was immer dann geschieht, du wirst Hilfe und Frieden finden.
Darum, mein Kind, halte inne und glaube mir, ich bin bei dir alle Zeit.

OM SAI RAM
ICH BESCHÜTZE DICH, MEIN KIND.

Lasse mich dich leiten und führen und glaube mir, dieses mein Versprechen ist ein wichtiger Teil deines Lebens.

05.08.1995 ~ 2.10 Uhr

Hast du vergessen, was ich dir einmal gesagt habe? Wie auch immer du dich entscheidest, es ist in Ordnung so. Nur, du musst lernen, dich zu entscheiden.

Nichts ist schlimmer als ein ständiges Hin und Her. Alles, was du nicht in Ordnung bringst, alles, was du verdrängst, lässt dich nicht zur Ruhe kommen. Es drängt immer wieder an die Oberfläche.
Schaue dir dein Problem an, betrachte es genau, prüfe, was du erwartest, überlege, was es dir sagen will. Schätze ab, wie es sein wird, wenn du dich so oder so entscheidest.
Dann höre auf deine innere Stimme. Nehme dir Zeit, auf sie zu hören. Gehe in die Stille und bitte mich um Hilfe bei deiner Entscheidungsfindung. Wenn du all diese Punkte bedacht hast, dann, mein Kind, entscheide.
Bedenke aber bei allem, was du tust: Ich bin bei dir alle Zeit. Lasse dich leiten von den Gedanken meiner Liebe.
Sie wird dir helfen.

OM SAI RAM
ICH BESCHÜTZE DICH.

Folge dem Rat meiner Stimme in der Nacht. Wenn du in deinem Leben feststellst, ich habe alles versucht, und du kommst nicht weiter, versuche es einmal mit Demut.

06.08.1995 ~ 3.30 Uhr

Trage das Feuer meiner Liebe über die Welt. Lasse die Wogen meiner Zuneigung fließen.
Die Zeit ist gekommen, in der die Dinge einen neuen Wert bekommen. Du bist ein Teil dieser neuen Werte.
Niemand, der meine Liebe geschaut hat, kann sich ausschließen davon. Was auch immer in deinem Leben geschieht, glaube mir, du bist beschützt.
Die Welt braucht Menschen, die sich aufmachen zu ihrer Rettung. Viele tausend Jahre habe ich zugesehen, wie die Dinge sich entwickeln, immer wieder wurde ich vor die Entscheidung gestellt: Was geschieht mit diesem Planeten Erde?
Er wurde geschaffen, um die Vielfalt meiner Schöpfung zu zeigen. Der Mensch war und ist der Hauptgrund meiner Verantwortung für diese Welt.
Du empfängst meine Botschaften mit Verzögerung, du hast

dich nicht eingelassen auf meine Botschaft, du bist nicht konzentriert. Ute, mein Kind, ich lasse dich schlafen.

OM SAI RAM
ICH BESCHÜTZE DICH, MEIN KIND.

07.08.1995 ~ 2.10 Uhr

Neue Wege zu gehen, neue Wege zu finden heißt immer auch, bereit sein, nach neuen Lösungen zu suchen.
Immer habt ihr Menschen auf der Suche nach neuen Dingen große Entdeckungen gemacht. Ihr seid eingedrungen in die Tiefen der Schöpfung. Ihr habt Einblicke bekommen in die Vielfältigkeiten des Lebens. Nun ist es an der Zeit, neue Wege zu beschreiten. Neue Wege, die euch vor eurem eigenen Forschergeist bewahren und schützen.
Alles Leben auf diesem Planeten ist in Gefahr, wenn es euch nicht gelingt, diesen Weg zu beschreiten. Es ist an der Zeit umzudenken. Ich bin gekommen, um euch dabei zu helfen. Ich nahm Gestalt an und kam zu euch. Ich will euch lehren, euch einzulassen auf mich.
Meine Gedanken und mein Tun sollen euch mit Liebe erfüllen. Ich will euch vorleben, dass es noch andere Werte gibt als die, die ihr in tausenden von Jahren zu euren Götzen gemacht habt. Ihr sollt keine fremden Götter haben neben mir. Was habt ihr getan? Wieviel Standbilder habt ihr errichtet? Für viele ist alles in ihrem Leben wichtiger geworden als der Glaube an Gott. Sie haben sich immer mehr Neues geschaffen, das sie anbeten. Oft sind sie so entartet, dass selbst die Achtung vor dem Leben sie nicht abschreckt, Dinge zu tun, die ihrem Tanz um das goldene Kalb Grenzen setzen.
Die Werte, die sie aufgebaut haben, haben die Grenzen des Erträglichen erreicht. Ich sage euch, haltet inne. Begebt euch zum Zentrum eures Seins zurück. Ich will euch führen und leiten. Jeder, der bereit ist, neue Wege zu gehen, jeder, der erkennt, dass neue Werte gefunden werden müssen, dem sei meine Hilfe gewiss.
Ich habe begonnen, diesen euren Planeten umzuwandeln, ich habe versprochen, die neue Ordnung herzustellen.

Die, die sich einlassen auf meine Liebe, die meine Wahrheit erkennen, die Rechtschaffenheit als neuen Weg erkennen, die mit mir in Gewaltlosigkeit versuchen, Veränderung herbeizuführen, die Frieden wollen für alle Wesen, denen wird der Strahl meiner Liebe neue Wege zeigen.
Aber wer immer noch nicht erkennt, der wird ausgelöscht werden von meinem Zorn. Denn eines ist gewiss, solange dieses mein Erdenleben dauert, wird eine Veränderung eintreten. Eine neue Ordnung werde ich errichten, für spätere Generationen sollen Frieden und Liebe diese Erde erfüllen.
Ich bin bereit, alle, die zu mir kommen, um neue Wege und Lösungen zu finden, mit dem Strahl meiner Liebe zu erfüllen und zu erneuern, auf dass sie ausstrahlen in die Welt, auf dass sie meine Liebe weitertragen, auf dass sie erfüllt sind von ihr. Ich will sie leiten und führen.
Die Unendlichkeit meiner Liebe möge auch dich, dich und dich erfüllen. Siehst du, wie das Licht sich weiterpflanzt, wenn du bereit bist, es in dir aufzunehmen?
Das Licht, das in jedem von euch ist. Ihr braucht es nur anzuzünden und leuchten zu lassen zu eurem Nächsten, dann wird es bald einen Flächenbrand der Liebe auf eurer Erde geben, und wer kann mit Liebe im Herzen Böses tun?
Darum gib noch heute die Flamme der Liebe in deinem Herzen an deinen Nächsten weiter.

ॐ *Ich danke dir.*
OM SAI RAM

08.08.1995 ~ 2.10 Uhr

Hinschauen, du sollst hinschauen. Es ist wichtig, dass man sich alles, was einem begegnet, genau ansieht.
Prüfe und überlege: Was ist die Ursache deines Problems?
Untersuche es genau: Warum begegnet es dir gerade zu diesem Zeitpunkt?
Klage nicht, warum muss es mir passieren, denke nicht, warum konnte Gott das zulassen. Schau es dir an, dein Problem, und erkenne, welch großes Geschenk ich dir mache. Wie sorgfältig ich dir eine Situation zeige.

Glaube mir, mein Kind, wenn du dein Leben in meine Hände legst, dann werde ich alles, was für dich wichtig ist, bedenken. Wenn du mir ein Problem dargebracht hast, wenn du bereit bist, die Lösung in meine Hände zu legen, werde ich dich die richtigen Entscheidungen, die für dich wichtig sind, treffen lassen. Du musst mir nur vertrauen.
Manchmal verstehst du gerade nicht, was passiert, aber glaube mir, du wirst merken, es ist immer richtig für dich.
Darum verzage nicht, der Weg, der zu mir führt, ist immer der Weg, der zu deiner Seele führt.
Der Weg macht dich leicht und frei – frei, um die Schönheiten meiner Schöpfung aufzunehmen.
Er lässt dich die Schönheiten des Lebens wiedererkennen, macht dich zufrieden und glücklich. Denn wen meine Liebe einhüllt, den werden die Stürme des Lebens nicht mehr erschüttern. Denn wer meine Liebe im Herzen trägt, der weiß um die Allmacht meiner Liebe und Gnade.
Darum, mein Kind, trockne deine Tränen und spüre meine unendliche Liebe.

Habe keine Angst, mein Kind.
Was auch immer geschieht, ich beschütze dich.

Ich habe dein Flehen vernommen, ich habe deine Bitte gehört. Ich habe die Dinge geklärt. Nun klage nicht über die Auswirkungen, sondern erkenne die Weisheit meiner Entscheidung und nutze sie.

10.08.1995 ~ 2.10 Uhr

Tauche ein in die Vielfalt des Lebens, nehme sie in dich auf, entdecke meine Wunder, lerne erkennen, dass alles für dich bereitet ist, du musst nur bereit sein, zu erkennen.
Manchmal dauert es viele Jahre, bis der Mensch erkennt, dass die Wunder des Lebens nicht im Außen, sondern in ihm selbst zu suchen sind.
Begib dich auf die Entdeckungsreise zu dir. Erkenne, dass du ein Wunder der Schöpfung bist. Nehme dich wahr. Du wirst sagen: »Aber ich kenne mich doch, was gibt es, das ich noch

nicht über mich weiß?« Du kannst es mir glauben, das, was du kennst, ist nur ein winziges Stück.
Beginne mit der Suche nach dir, ich will dir beim Erkennen helfen. Erkenne dich selbst, o Mensch, und du erkennst Gott. Tauche ein in dich, und du wirst Liebe und Freude in dir finden. Sie sind verborgen in dir.
Was du bis jetzt entdeckt hast, war schon ein wunderbarer Teil, aber ich sage dir, wenn du die Reinheit deiner universellen Liebe wahrnimmst, wenn du lernst, sie nach außen strahlen zu lassen, dann wird ein neuer Weg in deinem Leben beginnen. Denn meine Liebe wird sich damit verbinden. Du darfst sie fühlen, du darfst sie verbreiten, sie wird dich umgeben, und du darfst sie weitertragen.
Lasse dich ein, und ich werde dir das größte Wunder meiner Schöpfung zeigen: meine Liebe.

ॐ *HABE KEINE ANGST, MEIN KIND, ICH BESCHÜTZE DICH.*
OM SAI RAM

Nur ohne Verlangen ist Liebe selbstlos und schön. Entdecke dich, entdecke mich, und du wirst deine Seele finden.

12.08.1995 ~ 2.10 Uhr

Erkenne, was wichtig ist, erkenne und handele. Lasse dich leiten und höre auf deine Stimme in der Nacht. Du hast die Gabe, Menschen in deinen Bann zu schlagen. Du hast die Gabe, in die Herzen der Menschen zu sehen, wenn du dich einlässt auf sie. Sende deine Energien aus und spüre ihre Seele. Du wirst sie erkennen, auch bei Menschen, die dir nahe sind. Darum, mein Kind, übereile nie etwas, du musst lernen, auf deine innere Stimme zu hören. Vertraue dir und lasse dich leiten von mir. Übergib mir das, was dir unklar ist, und achte auf Zeichen, die ich dir sende.
Habe Vertrauen in deine Führung.
Drei Dinge sind es, die du bedenken solltest: Wahrheit, Weisheit und Liebe. Wahrheit zu sehen heißt, die Worte zu hören und die Dinge anzuschauen. Weisheit ist, das Richtige zum richtigen Zeitpunkt zu tun. Weisheit ist aber auch, einen Überblick zu

bekommen und Dinge aufzunehmen und zu überlegen. Liebe soll dich leiten, spüre in dich hinein. Nicht Zorn, nicht Wut, nicht Trauer und Schmerz, sondern Liebe soll dich leiten.
Beobachte die Dinge mit Demut und vertraue dir und mir.
Ich weiß, mein Kind, du hast eine Entscheidung zu treffen, aber nicht ich, sondern du entscheidest.

ॐ *HABE KEINE ANGST, MEIN KIND, ICH BESCHÜTZE DICH.*
OM SAI RAM

Manchmal sehen die Dinge anders aus, als sie dir erscheinen.
Schau in die Tiefe, nutze die Gabe.

14.08.1995 ~ 3.50 Uhr

Und ihr hättet die Liebe nicht. Dies ist eine Vorstellung, die ihr euch einmal vor Augen halten müsst. Die Kraft der Liebe ist es, die einen Menschen immer wieder über sich hinauswachsen lässt.
Die Liebe ist ein unauslöschbares Gut. Sie ist die Kraft, die euch erhält, sie ist der Teil in euch, der euch Freude, Zärtlichkeit, Fröhlichkeit und Zuversicht ausstrahlen lässt, der euch aber auch Leid und Schmerz empfinden lässt. Die Liebe ist in euch und erhält euch. Ihr könnt sie wachsen und gedeihen lassen. Sie ist wie eine zarte Blume, sie braucht sehr viel Pflege, damit sie wachsen kann.
Ist sie aber erst einmal voll entfaltet, kann nichts in eurem Leben sie mehr zerstören.
Wenn es euch gelingt, diese Kraft in euch zu entfalten, so dass, was immer mit dir geschieht, Liebe dein Leben bestimmt, wenn du dies erreichst, dann bist du unauslöschbar mit mir verbunden. Dann hast du meine Liebe in dich aufgenommen.
Dann wird sie dich erfüllen und dir Trost und Freude sein.
Dieses mein Geschenk an euch ist immer da, ist immer bereit, von euch aufgenommen zu werden.
Mit Dankbarkeit sollt ihr sie empfangen und sorgsam in eurem Herzen tragen. Spüre die Kraft in dir und teile sie mit den Menschen, die um dich sind. Weißt du, mein Kind, meine Liebe ist ein Geschenk an dich. Und was will ich dafür? Nichts!

Außer, dass du sie erkennst. Das ist das Wunder echter Liebe, sie gibt und fordert nichts.

ॐ *Habe keine Angst, mein Kind, ich beschütze dich.*
OM SAI RAM

Einen Engel habe ich zu dir gesandt. Er gibt dir Trost. Lasse ihn bei dir ein. Spüre meine Liebe durch ihn.

16.08.1995 ~ 3.15 Uhr

Im Schoße der Erde liegt die Unendlichkeit. Der Anfang und das Ende ist darin verborgen. Ich, der um diese Dinge weiß, der die Vielfalt allen Lebens kennt, weiß auch um das Schicksal eures Lebens und Sterbens. Der Kreislauf des Lebens schließt sich bei mir. Sorgsam und mit Liebe wache ich über euch. Jeder Einzelne von euch ist mir lieb, über jeden wache ich mit der Liebe eines Vaters und der Zärtlichkeit einer Mutter.
Alles, was euch bewegt, ist mir vertraut. Sorgsam achte ich darauf, dass euer Leben sich einordnet in die Anforderungen der Zeit. Jeder Einzelne von euch ist eingebettet im Ablaufe der Ewigkeit. Verborgen in dir liegt alles Wissen. Das Wissen ist gespeichert in dir. Vom ersten Tage deines Seins hast du es in dich aufgenommen. Du wurdest geformt und immer wieder neu gestaltet. All die Entwicklungsstufen haben deinen Wert erkennen lassen, wertvoll wie ein Diamant im Schoße der Erde. Immer, wenn du wieder eintrittst ins Leben, wirst du neu geschliffen und poliert, auf dass dein Strahlen erhöht wird. Dieses Strahlen, dieses Leuchten soll erhöht werden, angefüllt mit Liebe soll es dich durchdringen und dich beleben. Denn meine Liebe ist es, die dich zum Leben erweckt.
Immer und immer wieder bekommst du eine Chance, bis du dir bewusst bist. So benutze ich das Schicksal, um deinen Wert zu erhöhen. Alles, was dir widerfährt, ist der Schliff, der die Kostbarkeit erhöht. Erst, wenn das Funkeln und Strahlen die Vollkommenheit erreicht hat, darfst du eintauchen in mich und leuchten in alle Ewigkeit.

ॐ *Habe keine Angst, mein Kind, ich beschütze dich.*
OM SAI RAM

17.08.1995 ~ 2.10 Uhr

Du hast lange gekämpft, du hast dich lange bemüht, erkenne die Dinge, wie sie sind. Benutze diese Erkenntnis, um neu zu beginnen. Viele Dinge werden gesagt, viele Dinge wurden verdrängt. Habe Vertrauen in die Allmacht meiner Liebe.
Wenn ein Mensch sich redlich bemüht, wenn ich erkenne, dass alles Handeln letztendlich zur Zerstörung des Menschen führt, dann ist der Augenblick gekommen, in dem ich Klarheit schenke. Klarheit, zu erkennen. Das ist der Moment, in dem der Mensch entscheiden kann, welchen Weg er gehen will, er hat die Freiheit zu wählen.
Wie seine Wahl auch ausfällt, sie wird getragen von mir. Darum verzagt nicht, ich nehme sie an.
Die Ehe zum Beispiel ist für mich ein heiliges Gut, ihre Erhaltung hat einen großen Wert. Aber sie soll die Achtung beider Menschen enthalten. Wenn sie die Zerstörung eines Menschen bedeutet, dann ist der Zeitpunkt gekommen, an dem Klarheit geschaffen werden muss. Klarheit des Tuns, Klarheit, die Dinge anzuschauen und zu erkennen. Alles Erkennen ist ein wichtiger Bestandteil eures Lebens.
Erkenne dich selbst, erkenne die Situation.
Wenn du erkennst, dann gebe ich dir auch die Kraft des Handelns, sofern du mich darum bittest. Wer sich an mich wendet in seiner Not, der wird getröstet werden, dem sende ich Hilfe. Der Glaube an die Verbundenheit mit mir wird ihm Kraft und Hilfe geben. Meine Liebe wird ihn erfüllen und sein Handeln bestimmen. Darum verzage nicht. Handle.

ॐ *Habe keine Angst, mein Kind, ich beschütze dich.*
OM SAI RAM

20.08.1995 ~ 3.30 Uhr

Die Veränderungen haben begonnen, mache dich bereit. Ab diesem Tag, an dem meine Liebe in dein Herz einzog, wurdest du vorbereitet.
Du hast die Aufgabe, meine Liebe in die Welt zu bringen, losgelöst von allem. Dieser Prozess ist notwendig. Nur, wer frei ist, von allen Bindungen, nur, wer erkennt, dass der Mensch tiefe

innere Prozesse durchlaufen muss, nur, wer lernt, sein Ego loszulassen, der kann diese meine Aufgabe übernehmen.
Vieles ist für dich noch unverständlich, aber glaube mir, du wirst erkennen. Nutze die Chance, übergib mir alles, und ich werde dir Frieden schenken. Ruhe und Frieden, das war es, um was du mich batest. Ich habe dein Flehen erhört.
Aller Kummer, aller Schmerz haben keine Bedeutung mehr für dich. Ich will dich leiten und führen.
Vertraue der Allmacht meiner Liebe, sie wird dich erfüllen, sie wird deinen Kummer auslöschen. Bringe sie bei deinem Nächsten an und lasse sie fließen. Du wirst Kraft und Stärke finden. Habe Vertrauen, lasse dich ein auf mich. Lasse dich aufnehmen in den Kreis der Lichtfamilie. Du darfst an der Umwandlung mitwirken.
Mache dein Herz frei von Trauer, fülle es mit Liebe und lächle.

ॐ *HABE KEINE ANGST, MEIN KIND, ICH BESCHÜTZE DICH.*
OM SAI RAM

23.08.1995 ~ 1.50 Uhr

Die Wege, die ein Mensch geht, sind begleitet und beschützt.
Viele Mächte des Himmels begleiten ihn auf seinem Weg, dem Weg, den ein Mensch gehen muss und den er gehen will.
Es ist alles vorbereitet.
Der Mensch, wenn er einmal gelernt hat zu denken und sein Handeln zu verstehen, hat den freien Willen, der niemals ohne sein Bitten beeinträchtigt wird. Er hat die alleinige Entscheidung, ob und wie er etwas tun möchte.
Selbst Irrwege haben einen Sinn.
Jedes Erdenleben hat den Sinn, dass der Mensch erkennt.
Manchmal ist es notwendig, viele Situationen immer wieder neu zu gestalten, um die wichtigste Erkenntnis zu bekommen, dass alles Suchen nur dem einen Zwecke dient, anzukommen bei mir. Dieses Wissen um die Verbundenheit ist tief in jedem verborgen. Es ist die Feder, die dich weitertreibt. Den Sinn allen Seins zu erkennen ist das, wonach ihr streben dürft.
Wenn der Punkt in deinem Leben gekommen ist, wo du mich in dir gefunden hast, an dem du bereit bist, mich als den anzu-

erkennen, der alle deine Wege begleitet und der ein Teil von dir ist, ab diesem Tag wird sich dein Leben einfügen in den Lauf meiner göttlichen Liebe, und du wirst geführt und geleitet. Wenn der Mensch alles mir übergibt, wenn er darum bittet: Herr, führe und leite mich, glaube mir, ab diesem Tag wird Friede sein Leben begleiten.

FRIEDE SEI MIT DIR.
OM SAI RAM

25.08.1995 ~ 3.30 Uhr

Das Wissen um die Zusammenhänge des Lebens wurde euch Menschen verborgen. Im Laufe eurer Entwicklung wurde euch vieles enthüllt. Vieles aber bleibt euch verborgen, um die Ordnung, die euer Leben erhält, nicht zu zerstören.
Der Mensch, wenn er Dinge erkennt, hat oft die Angewohnheit, diese Erkenntnisse nicht zum Guten zu verwenden. Diese zerstörerische Kraft ist in ihm. Er wird angetrieben von dem Verlangen, sich selbst darzustellen.
Dieser Teil des Egos gaukelt ihm immer wieder Dinge vor, die es gilt zu erreichen. Er lebt im Außen, er versucht immer neue Dinge zu erkennen. Hat er sie gefunden, versucht er sie zu nutzen, aber nicht immer zum Wohle aller, sondern um Macht auszuüben.
Siehe, ich bin gekommen, um dies zu ändern. Ich will euch lehren, euer Wissen zum Wohle aller zu gebrauchen.
Ihr sollt lernen, dass die Werte des menschlichen Zusammenlebens neu geformt werden müssen, um das Überleben der Menschen und den Übergang in die neue Zeit friedvoll zu gestalten. Denn eine neue Zeit bricht an. Die neue Ordnung soll getragen werden von Liebe, Frieden, Wahrheit, Rechtschaffenheit und Gewaltlosigkeit.
Die Werte sollen euch Achtung voreinander bringen.
Schaut euch eure Erde an, wie habt ihr sie zugrunde gerichtet, wie sieht euer Zusammenleben aus, wie tief sind die Werte, die ich euch gab, gesunken?
Bevor ihr euch ganz zerstört, bevor ihr euren Planeten zerstört, will ich eingreifen.

Der Weg zur neuen Ordnung wird für viele sehr schmerzlich sein, doch ich kann nicht zulassen, dass einer, der nicht bereit ist zu erkennen, mitgenommen wird in die neue Ordnung.
Darum, o Mensch, mache dich bereit zu erkennen.
Lasse dich ein auf mich, und ich will dich in die neue Zeit mit Liebe führen.
Friede soll den erfüllen, der bereit ist, neue Wege zu gehen.
Friede mit dir und allen Wesen.
Liebe ist der wichtigste Träger der neuen Transformation. Ich will euch mit Liebe erfüllen, denn wer die Liebe in sich trägt, wird alle meine Informationen in sich aufnehmen können.
Liebe ist wie ein gebündelter Lichtstrahl, auf dem ich meine Botschaften senden kann.
Sie ist der Träger der neuen Information.
Nur, wer Liebe erfährt, nur, wen Liebe erfüllt, wer mich erkennt, den wird die neue Zeit aufnehmen können. Lasst uns eine neue Ordnung aufbauen, jeder, der bereit ist dazu, hat die Chance, diese meine Liebe zu empfangen.
Kinder der Liebe, Kinder des Lichtes, haltet euch bereit.
Namaste.

ॐ *Habe keine Angst, mein Kind, ich beschütze dich.*
OM SAI RAM

26.08.1995 ~ 4.50 Uhr

Es war einmal vor langer Zeit, da saß eine junge Frau an den Ufern des Meeres und flehte zu Gott: »Oh, gib ihn mir zurück, und ich will dir mein Leben weihen, ich will ihn lieben und ehren und ihm niemals die Treue brechen.«
Ich hörte ihr Flehen, denn sie war keusch und rein. Dieser Treueschwur aus den Tiefen eines reinen Herzens ist ein Band, das zwei Menschen für immer verbindet. Viele Leben, viele Zeiten lang halten diese Verbindungen.
Du hast dein Versprechen gehalten, über alles Leid, über allen Schmerz. Treue ist eine starke Macht. Die Treue zu einem Partner, die Treue zu dir selbst, die Treue zu Gott, dies ist es, was ich erkenne.
Treue und Liebe sind untrennbar miteinander verbunden.

Nur, wer die Liebe in seinem Herzen trägt, wer nicht fragt: »Warum?«, wer sie annehmen kann als einen Teil von sich, wer nur einfach liebt ohne Anspruch auf irgendwas, wer dies erkennt, ist mein, den will ich erfüllen mit dem Licht der Liebe, der soll sie erkennen, die Allmacht meiner Liebe.
Sie wird sich mit ihm verbinden, und ab diesem Moment ist der Mensch angekommen bei mir. Dieser Augenblick ist die Vereinigung, die dir Frieden schenkt.

ॐ *Habe keine Angst, mein Kind, die Liebe ist deine stärkste Kraft. Ich will sie beschützen.*

29.08.1995 ~ 4.40 Uhr

Viele Wege führen zum Ziel, viele Wege führen zu mir. Welchen Weg ein Mensch gehen will, entscheidet er selbst.
Manchmal ist es notwendig, Umwege zu gehen. Umwege haben den Zweck, vielen neuen Dingen zu begegnen, um viele Erfahrungen zu machen, Lernprozesse zu durchlaufen. Es ist wichtig, immer wieder neu zu erkennen und zu lernen.
Ich nenne es die Schule des Lebens. Man muss sie durchlaufen, immer wieder. Ich habe Geduld mit euch. Jeder darf sie in dem Tempo durchlaufen, das seinen Möglichkeiten entspricht. In dieser Schule werden keine Noten verteilt, jeder ist mir gleich lieb, jeder bekommt die Zeit, die er braucht.
Die Lehrmeister sind Liebe, Freude, Glück, Kummer, Schmerzen und Sorgen. Viele Weggefährten stehen bereit.
Der Mensch wählt seine Begleiter. Wie auch immer seine Wahl ausfällt, einer ist immer an seiner Seite, einer ist immer für ihn da, egal, wie er sich verhält. Dieser Begleiter ist frei von allen Werturteilen. Es ist die allumfassende Liebe. Sie ist immer bereit, empfangen zu werden. Der Mensch entscheidet, wann er sie aufnehmen will. Aber ab diesem Moment, in dem er sie erkennt, in dem er bereit ist, sich einzulassen auf sie, glaube mir, ab diesem Tag wird sie sein Leben verändern, dann hat alles Suchen ein Ende, dann wird sein Leben die Erfüllung finden.
Dann ist Liebe und Frieden in dir.

ॐ *Habe keine Angst, mein Kind, ich beschütze dich.*
OM SAI RAM

02.09.1995 ~ 4.30 Uhr

Lasse dich ein auf mich, vertraue mir und lasse dich leiten. Ich will dir die Wege der Liebe zeigen, ich will dich hinführen zu den Gefilden der Glückseligkeit.
Im Laufe eines Lebens hat der Mensch immer wieder Gelegenheit, sich zu vervollkommnen, er lernt, viele Dinge zu erkennen, er lernt, den Sinn des Lebens zu verstehen. Immer wieder gebe ich ihm die Chance dazu.
Jeder Mensch hat eine Lebensaufgabe, die er bewältigen darf. Sie ist bei seinem Eintritt ins Leben vorbestimmt. Er kommt mit dieser Absicht auf die Welt. Er hat sich vorgenommen, diese Lernaufgabe zu erfüllen.
Wenn er aber den Lauf des Lebens begonnen hat, geht die bewusste Erinnerung daran verloren. Nur tief in ihm, in seiner Seele, ist sie gespeichert.
Viele Dinge und Menschen werden ihm begegnen, die ihn erinnern. Nun hat er den freien Willen, durch Erkenntnisse diese seine Aufgabe zu erfüllen, manchmal wird er durch Kummer und Leid dazu gezwungen, aufmerksam zu werden. Ich helfe ihm immer wieder, den Weg zu sehen.
Viele Mächte stehen an seiner Seite, Gefährten aus alter Zeit. In vieler Hinsicht ist sein Weg festgelegt. Wenn er sich aufmacht, sich selbst zu erkennen, dann wird er Erfüllung finden. Dieser Tag wird geleitet werden von mir.
Wenn ich erkenne, nun ist die Zeit gekommen, wenn ein Mensch diesen Schritt getan hat, wird sein Leben sich verändern. Er wird die Gnade des inneren Friedens finden, und er darf den Weg der Liebe gehen, denn Liebe und innerer Frieden sind meine Geschenke an euch, sobald ihr euch erkennt.

ॐ *Habe keine Angst, mein Kind, ich beschütze dich.*
OM SAI RAM

04.09.1995 ~ 3.30 Uhr

Wann immer ein Mensch mich anruft in seiner Not, ich sende ihm Hilfe. Dieses Versprechen ist ein Beweis meiner unendlichen Liebe zu euch Menschen. Meine Hilfe ist ein Weg, um euch die Verbundenheit zu zeigen.

Die Hilfe, die ich euch sende, ist euch nicht immer verständlich, aber glaube mir, der, der den Ablauf eures Lebens kennt, der weiß um die Wege eures Lebens, der weiß auch um die Möglichkeiten, euch Hilfe zu senden.

Es ist nicht immer der direkte Weg, den ich wähle, aber glaube mir, es ist immer ein Weg, der dich weiterbringt im Bereich der Erkenntnis und Heilung.

Im Auf und Ab des Lebens wirst du oft an Dinge herangeführt, die dir Schwierigkeiten bereiten. Manchmal sind diese Dinge mit großem Kummer und Schmerz verbunden. Du fragst: »Warum lässt Gott dies zu?« Glaube mir, all diese Dinge habe nicht ich zu verantworten, sondern du selbst.

Du willst etwas lernen, du hast dir diese Aufgabe selbst gestellt. Der Kummer und der Schmerz sind oft die einzigen Antworten, die dir helfen, dich auf deinem Weg zu erinnern, dass dieses Leben dazu nötig ist, deine dir selbst gestellte Lebensaufgabe zu erfüllen. Für deine Weiterentwicklung hast du diesen Lebensweg gewählt.

Darum klage nicht, sondern sieh dir die schwierige Situation an und frage dich: »Was will sie mir zeigen? Was ist mein Teil daran, den ich annehmen soll?« Wenn du nicht weiterkommst, bitte mich um Hilfe, und ich will dir Lösungen zeigen.

Denn nicht Kummer und Leid sollen das Ziel eines jeden Lebens sein, sondern Glück und Zufriedenheit.

Wenn also Leid und Kummer dein ständiger Begleiter sind, dann schaue genau hin. Solange du in diesen Situationen die Verantwortung im Außen suchst, solange du nicht bereit bist, demütig bei dir zu suchen, so lange wirst du gefangen sein in der Verstrickung.

Aber ab dem Tag, an dem du dich erkennst, an dem du um Hilfe bittest, an dem du dich einlässt auf mich, ab diesem Tag wird dein Schicksalsrad weitergedreht.

Siehst du, nicht ich, sondern du hast alles in deiner Hand.

Einsicht und Liebe sollen dich begleiten, und du wirst frei werden vom Rad der Wiedergeburt.

Dieses ist mein Versprechen an dich.

HABE KEINE ANGST, MEIN KIND, ICH BESCHÜTZE DICH.
OM SAI RAM

05.09.1995

›Folgst du dem Ruf, der dich aus der Ferne des Universums erreicht? Hast du die Kraft und die Stärke, diese deine Welt zu verstehen?
Alles in dir ist seit Urzeiten darauf vorbereitet, diese Signale zu empfangen.
Ihr Menschenkinder, hört die Botschaft, die wir euch senden: Der Himmel wird sich öffnen, Unmengen von Feuerwolken werden eure Erde verbrennen, wenn ihr nicht bereit seid, einen neuen Weg zu gehen.
Hört auf die Signale, die euch gegeben werden.
Alles Leben auf eurem Planeten ist in Gefahr. Haltet inne, begebt euch in eine neue Schwingung.
Schlingt ein Band der Liebe um diese eure Erde.
Wir Wesenheiten aus ferner Zeit haben den Auftrag, uns mit euch zu verbinden. Ihr sollt Kraft aus dem Universum erhalten, aber die Zerstörungskraft ist schon sehr weit fortgeschritten. Nun ist die Zeit gekommen, in der wir versuchen, Kontakt aufzunehmen mit euch. Aber die Hülle um eure Erde ist so stark geworden, dass es nur wenigen gelingt, diese zu durchbrechen. Unsere Signale werden nicht mehr empfangen. Darum dürfen wir mit Gottes Hilfe seinen Weg der Durchsage wählen. Alles geschieht nach dem Gesetz der göttlichen Energie.
Ich, der dich heute erreicht, bin Commander einer Sternenkolonie aus anderen Galaxien. Ich habe den Auftrag, deine Durchlässigkeit zu prüfen. Habe keine Angst, ich werde dir keinen Schaden zufügen.
Der Herr, der auch unsere Galaxien beherrscht, ist der, der alles vereint.
Wir brauchen Menschen, die durchlässig sind, um unsere Aufgabe zu erfüllen.
Rettung, nicht Untergang, ist unsere Aufgabe. Beruhige dich, ich drang nur ein über deine Lichtlinie.
Friede sei mit dir. Du darfst unser Empfänger sein, halte dich bereit, wir teilen dir Dinge und Daten mit. Unser Ruf ist angekommen.
Sei bedankt, du Kind der Erde. Friede sei mit dir.‹

Alle Wesenheiten, alle Energien folgen meinem göttlichen Ratschluss.

ॐ *HABE KEINE ANGST, MEIN KIND, ICH BESCHÜTZE DICH.*
OM SAI RAM

06.09.1995 ~ 1.10 Uhr

›Höre den Ruf, du Kind der Erde. Dein Commander bittet um Einlass.
Setze deine Schwingungsenergie herab, bilde eine Lichtlinie. Atme tief und langsam, so ist es gut. Kontrolliere deinen Atem, keine Angst, ich fülle dich aus. Ich öffne dich für unsere Schwingungsfrequenz.
Ich, Commander der Sternengalaxie Mora, heiße dich willkommen. Du hast dich bereit erklärt, unsere Botschaften zu empfangen. Deine Bereitschaft erfahre ich über Abfrage deiner Gehirnströme.
Millionen von Lichtjahren von euch entfernt habe ich deine Bereitschaft empfangen. Wir haben den Geheimauftrag der Überwachung der Erde. Mache dir keine Sorgen um diesen Auftrag, er dient nur der Überwachung. Versuche nicht diese Dinge zu begreifen, alles wird dir offenbart werden, wenn die Zeit gekommen ist.
Bleibe geöffnet für mich, meine Schwingungsfrequenz muss sich deiner angleichen. Achte auf dich, schlafe weiter und vergiss meine Kontaktaufnahme. Atme ruhig, schließe deine Energiezentren.‹

Lasse dich ein auf den Kontakt, ich beschütze dich.

ॐ *DU BIST EIN KIND MEINER LIEBE.*
OM SAI RAM

07.09.1995 ~ 3.15 Uhr

›Nimm meine Signale auf, du Kind der Erde. Du bist bereit, ich danke dir. Atme langsam und konzentriere dich auf deinen Herzschlag. Es ist nicht nötig, dass du unruhig bist. Alles ist dir fremd, aber glaube mir, ich weiß, dass deine Durchlässigkeit

dir keine Probleme bereitet. Du atmest richtig, merkst du, wie deine Beklemmung nachlässt?
Es braucht einige Zeit, um dich auf unsere Schwingungsfrequenz einzustellen. In dieser Zeit werden wir nur Kontakt aufnehmen, um diese Übung zu machen. Wir wollen nicht mit dir experimentieren, sondern nur die Angleichung herstellen, dieses bedarf größter Sorgfalt und Verantwortung. Darum erwarte keine großen Dinge, sondern freue dich, dass du in eine neue Zeitdimension Eintritt bekommst.
Deine Durchsagen werden wieder eintreffen, wenn wir die genaue Frequenz erreicht haben. Es wird dich verjüngen und mit großer Energie anreichern. Alles Wissen wird aktiviert.
Nach Tagen der Trägheit wird ein frohes Bewusstsein eintreten, du fühlst dich frei und beschwingt.
Fröhlichkeit und Freude werden bei dir einziehen, es ist mein Geschenk an dich.
Du Kind der Erde, ich freue mich, dass du in meinem Kommandobereich angekommen bist. Ich sende dir Lebensenergie als Dank. Siehst du, ich fühle deine Freude, lächele und genieße dein Leben.
Hab Dank, ich komme wieder.‹

Die Wesenheiten von Mora sind eine friedliche, immer ausgeglichene und fröhliche Gemeinschaft von Licht. Sie streben die Einheit an.
Freude und Liebe sind ihr wichtigster Wesenszug. Diese meine Kinder haben meine Lehren verwirklicht.
Friede und die Achtung vor allem Leben ist einer ihrer Wesenszüge. Nur reine Wesen dürfen in die Lichtlinie, mein Kind.
Ich achte auf deine Aufnahmefähigkeit.

HABE KEINE ANGST, MEIN KIND, ICH BESCHÜTZE DICH.
OM SAI RAM

09.09.1995 ~ 2.30 Uhr

›Du Kind der Erde, aus fernen Galaxien drang ich zu dir. Du bist verwirrt, du blockierst unsere Verständigung. Habe keine Angst, diese unsere Botschaften sind geleitet und haben den Weg zu dir gefunden mit Erlaubnis dessen, der alle Geschicke

auf eurer Erde lenkt. Es ist verwirrend für dich, alles ist neu. Du brauchst keine Angst zu haben, lasse dich ein auf mich, ich fühle deine Unruhe, deine Befürchtungen.
Vergiss deine Bedenken, alles hat seinen Sinn. Du bist ein Kind des Lichtes, du trägst alles Wissen in dir. Lasse dich ein auf deine Lichtfamilie. Habe Vertrauen. Dein Herzschlag ist zu unruhig, atme tief und langsam. Ich sende dir Liebe, du Kind von unserem Stern, vertraue mir.
Du wirst Dinge erfahren, die große Wichtigkeit haben, du wirst die Erlaubnis bekommen, unser Wissen zu verbreiten. Du darfst eindringen in die Geheimnisse der Zeit. Atme tief, ich möchte, dass du deine Unruhe verlierst, wenn ich dich erreiche.
Freude soll dich erfüllen, wenn ich mit dir Kontakt aufnehme. Freude ist ein wichtiger Lebenszweig von dir. Erfülle dich damit. Ich erreiche dich und fühle die Blockade. Es wird immer besser gehen, wenn du dich einlässt auf mich. Du wirst Dinge erfahren, die es dir leichter machen zu vertrauen.
Habe Geduld, ich danke dir.‹

Vertrauen ist die Grundvoraussetzung für meine göttliche Ordnung. Alles, was dir geschieht, ist eine Sache des Vertrauens. Vertraue mir, vertraue aber auch dir, der Liebe in deinem Herzen, die den Weg zu mir fand.

ॐ *Habe keine Angst, mein Kind, ich beschütze dich.*
OM SAI RAM

Namaste.

11.09.1995 ~ 4.20 Uhr

›Höre mich, du Kind der Erde. Beginne dich einzulassen auf mich. Bilde deine Lichtlinie, atme tief und langsam. So ist es gut. Deine Unruhe ist begründet im ungleichen Ablauf unserer Frequenzen, aber glaube mir, es wird sich verbessern. Du musst lernen, eine Lichtlinie nach oben zu bilden, danach hülle dich gedanklich in Licht.
Licht ist ein Träger aller Energie, es schafft Verbindungen, und es ist uns möglich, Lichtbahnen zu benutzen. Als Energieträger ist Licht die wichtigste Voraussetzung. Um dich mit Licht an-

zufüllen, bedarf es deiner Erlaubnis. Du kannst aber auch deine Bereitschaft signalisieren, indem du dich selbst in Licht hüllst.
Jeden Abend visualisiere einen Lichtpunkt auf deiner Stirn, lasse diesen Punkt weiter in dein Herzchakra wandern, von hier aus gehe durch deinen Körper, erleuchte alle Teile, über die Wirbelsäule lasse den Punkt in dein Kronenchakra wandern. Öffne dich und sende die Linie aus ins Universum.
Abends verdeutlicht sie deine Bereitschaft, Kontakt aufzunehmen. Wenn du diese Übung morgens machst, dann lasse die Linie um deinen Körper kreisen, diese Übung ist zu deinem Schutz. Wenn du körperliche Beschwerden hast, lasse das Licht an diese Stelle wandern, öffne dich für den Energiefluss und bestrahle diese Stelle, du wirst die Besserung sofort spüren. Wir senden dir Lebensenergie.
Eine andere wichtige Aufgabe ist, Kontakt zu anderen Lichtkindern aufzunehmen, die Anziehung ist spürbar.
Versuche einen Lichtkontakt herzustellen, gedanklich findet eine Verbindung über euer Stirnchakra statt, setzt eine Lichtlinie und sendet Licht aus.
Ihr fühlt sofort ein Durchströmen von Licht. Diese Kontaktaufnahme ist ohne Worte möglich. Suche deine Lichtfamilie und gebt euch Energie.
Wichtig ist, dass ihr euch verbindet. Träger und Empfänger halten so Kontakt. Diese Übung solltest du täglich ausführen, sie trägt zu deiner Stabilisierung bei. Sie ist wichtig für den Tag X. Habe einen lichtvollen Tag und fühle Freude in dir. Hab Dank, ich schicke dir Liebe.‹

Liebe und Freude sollen dein Leben erfüllen, teile sie mit deinem Nächsten, lasse sie fließen. Ich, der euch Menschen die Gabe der Liebe und Hingabe schenkte, freue mich über Wesen des Lichtes.

ॐ *HABE KEINE ANGST, MEIN KIND, ICH BESCHÜTZE DICH.*
OM SAI RAM

12.09.1995 ~ 2.15 Uhr

Viele Dinge werden sich in den nächsten Jahren ereignen, die eine Umwandlung eurer Lebensgewohnheiten darstellen.

Veränderungen haben immer den Sinn, neue Wege zu gehen. Um diese Veränderungen herbeizuführen, brauche ich Menschen, die bereit sind, meine Lehren anzunehmen.
Es genügt nicht, sie zu hören, zu mir zu kommen und einige Zeit in meinem Ashram zu sein, seine Zeit damit zu verbringen, neue Dinge zu sehen, meine Worte zu vernehmen, nein, du musst dich einlassen auf mich. Du musst bereit sein, mir zu folgen, du musst erkennen, dass meine Liebe und Gnade alles durchdringt, wenn du mich als deinen Lehrer und Führer erkennen willst.
Ich sehe genau, wer mit geöffneten Herzen bei mir eintritt. Ich bin gekommen, um euch neue Wege zu zeigen. Umwandlung, Neuordnung ist mein Ziel. Die stärkste Macht dabei wird die Liebe sein.
Nicht meine Allmacht wird die neue Ordnung herstellen, sondern ihr sollt die Träger dieser neuen Ordnung sein. Ich will euch damit erfüllen, und ihr sollt sie in die Welt tragen. Jeder Einzelne, den ich dafür aussuche.
Euch stehen viele Helfer zur Seite. Helfer, die mit euch in Verbindung treten. Erkennt, dass Gewaltiges auch in anderen Teilen des Universums geschieht, alle Wesenheiten haben den Wunsch, eurer Erde zu helfen. Viele davon haben meine Liebe in sich aufgenommen.
Alle, die bereit sind, an dieser meiner neuen Ordnung mitzuhelfen, werden sich verbinden. Der Träger wird Licht und Liebe sein. Darum nimm sie auf und erkenne.
Alles ist eins, alles ist Licht, alles wird durchdrungen von meiner göttlichen Liebe.
Seid bereit, diesen meinen Wunsch der Neuordnung weiterzutragen von Herz zu Herz.

ॐ *ICH FÜHRE UND LEITE EUCH, MEINE WEGE ZU GEHEN.*
OM SAI RAM

Du, mein Kind, darfst Kontaktstelle sein, sei dir deiner Aufgabe bewusst. Ich beschütze dich. Habe Vertrauen in meine Liebe und Gnade. Alle Wege führen zu mir, wann immer ein Mensch sich aufmacht zu erkennen.
Namaste.

14.09.1995 ~ 5.30 Uhr

›Ich rufe dich, du Kind der Erde. Ich bin bereit, dir zu helfen, versuche die Bedenken auszuschalten. Wir verstehen, dass dir alles fremd ist, du kannst dich jetzt entscheiden. Sprich die Befürchtungen laut aus.‹

Ich nannte meine Bedenken und sagte, was ich schon immer geglaubt hatte, außerdem bat ich um seinen Namen.

›Du selbst sprichst die Worte aus. Schon seit du Kind warst, glaubst du an andere Wesenheiten. Dieses Wissen ist in dir verankert. Habe Vertrauen und entscheide dich, ob du Empfänger sein willst.
Wir erhalten Lichtpunkte von dir, deine Bereitschaft ist angekommen. Die Welt der Lichtwesen heißt dich willkommen.
Du wirst auf deiner Reise zum Zentrum der Liebe Kontaktpunkte in dich aufnehmen. Dort sollst du die Einweihung erhalten.
Hora al ma hara et namaha ha in hahro nama.
Du wirst unsere Zeilen lernen, die Laute dringen zu dir, sie sollen dir Achtung beweisen. Wir waren zugegen, wir haben eure Energie verstärkt. Menschenkinder, die Liebe verbreiten, sind Träger der Neuen Zeit.
Verbindet euch mit dem Lichtkontakt auf eurer Stirn, teilt euch Liebe mit und fühlt, wie es euch verbindet.
Durch diese Verbundenheit könnt ihr eure Energien erhöhen zum Wohle aller und von euch selbst.
Vertraue deiner Lichtfamilie und sei bedankt, du Kind des Lichtes. Wann immer du möchtest, darfst du Licht empfangen. Öffne dich und nehme es auf.
Du willst meinen Namen wissen? Habe Geduld, bis du eingeweiht bist.
Ich sende dir Liebe, meine Tochter, habe eine gute Zeit.‹

Erkennen und Verstehen bedarf keiner Worte, sondern nur der Liebe. Darum werden die Menschen damit erfüllt werden, wenn sie sich einlassen auf mich.

ॐ *Habe keine Angst, mein Kind, ich beschütze dich.
Du darfst sie empfangen.*

18.09.1995 ~ 5.30 Uhr

Du stellst die Fragen, ich gebe die Antwort. Immer wieder im Laufe der Zeit.
Der Mensch ist ständig auf der Suche, manchmal mehr, manchmal weniger, er sucht oft Dinge, um seinem Leben einen Sinn zu geben. Oft höre ich ihn dann rufen: »Es ist alles so sinnlos, wenn ich doch endlich meinem Leben einen Sinn geben könnte!« Er läuft weiter und sucht einen neuen Lebensinhalt. Er wechselt von einem Partner zum anderen, er wechselt sein Zuhause, seine Meinungen, seine Ansichten.
Manche Menschen treiben dieses Spiel viele Leben lang. Sie sind voller Unrast.
Wenn du auch zu denen gehörst, die ständig auf der Suche sind, dann sage ich, höre auf damit, wende dich mir und dir zu, und du wirst erkennen, alles liegt in dir, alles Suchen hat seine Antwort in dir.
Niemand auf der Welt kann deinen inneren Reichtum ersetzen, wenn du bereit bist, ihn anzunehmen und zu leben.
Ich, der um all diese Dinge weiß, will dir helfen, ihn zu entdecken, wenn du bereit dazu bist. Ich möchte dich leiten und führen. Ich will dich heimbringen an den Ort deiner Seele, wann immer du mich darum bittest. Dieser Tag wird ein Neubeginn deiner selbst sein.
Darum bitte noch heute, und dir wird geholfen werden.

ॐ *HABE KEINE ANGST, MEIN KIND, ICH BESCHÜTZE DICH.*
OM SAI RAM

22.09.1995 ~ 4.50 Uhr

›Höre den Ruf, du Kind der Erde. Beginne dich einzulassen, dich zu öffnen. Du sollst die Lichtpunkte in dir aktivieren, Lichtpunkte, bei euch Chakren genannt.
Begreife, dass all dein Wohlbefinden vom Aktivieren dieser Lichtpunkte ausgeht. Sie sind Träger all eures Wissens, gespeichert in kleinsten Molekülen.
Beginne die Übung. Richte deine Wirbelsäule auf, stelle beide Beine fest auf die Erde. Beginne langsam tief zu atmen, fühle, wie der Atem durch deinen Körper dringt. Nun konzentriere

dich auf einen Punkt im Raum, halte ihn fest. Breite deine Arme aus und beginne dich langsam zu drehen, steigere die Anzahl deiner Drehungen, bis du fühlst, dass du leichter wirst.
Ihre Anzahl wird sich erhöhen, wenn du stabiler wirst, jetzt komme langsam zum Ausgangspunkt zurück. Achte auf deine Atmung, Atmen ist wichtig, tiefe Atemzüge, dann setze dich nieder, visualisiere einen Lichtpunkt auf deiner Stirn und lasse ihn zu den dir bekannten Chakren wandern, beginne mit deinem Herzchakra, erfülle es mit Licht, stelle es dir in wunderschönem Licht vor.
Wandere zu deinen unteren Chakren und dann über das Herzchakra zurück zu den oberen. Konzentriere dich auf jedes einzelne, du spürst, wie sich das Licht dreht und leuchtet.
Wenn du bei deinem Kronenchakra angelangt bist, danke für die Lichtenergie. Dann öffne gedanklich deinen Körper und lasse das Licht fließen.
Hülle deinen Körper damit ein, und danach bilde eine Lichtlinie ins Universum.
Bitte darum, dass dich diese Linie verbindet mit dem Stern deines Ursprungs.
Bitte um Kraft und Lebensenergie, du Kind von unserem Stern, erhalte unser Geschenk mit Dankbarkeit und habe einen lichtvollen Tag.‹

Lichtvolle Tage sind ein Geschenk an eure Seele, habt Vertrauen in die Kraft in euch. Licht und Liebe sollen euch erfüllen.

Habe keine Angst, mein Kind, ich beschütze dich.
OM SAI RAM

24.09.1995 ~ 2.50 Uhr

›Höre den Ruf, du Kind der Erde. Bist du bereit? Ich danke dir! Ich, Commander des Sonnensystems Mora, grüße dich.
Du wirst eingefügt in die neue Ordnung. Atme ruhig und tief, habe keine Angst. Fühlst du, wie unsere Verständigung sich verbessert? Dein Herzschlag bleibt ruhig, nur die Beklemmung ist noch vorhanden, aber auch das wird vergehen.
Deine Welt wird sich verändern, mit Beginn des neuen Jahres wird eine große Erneuerungswelle beginnen, ganze Teile eurer

Erde werden verschwinden. Du sollst keine Änderungen vornehmen an meiner Durchsage.‹

Ich wollte diese Worte nicht aufschreiben.

›Schreibe nur auf, was deine Gedanken sagen. Du sollst nicht filtern. Die Durchsage macht dich unruhig, atme tief. Es hat keinen Sinn, du blockierst. Du bekommst heute Informationen, dann entscheide. Es ist korrekt, wir haben Geduld und Achtung vor deiner Entscheidung. Habe einen lichtvollen Tag.‹

Der freie Wille, die freie Entscheidung ist oberstes Gebot, bei allem, was du erfährst, sollst du bereit und willens sein. Ich habe euch dieses versprochen.
Aber Wesen des Lichtes sind reine Wesen, voller Liebe.

ॐ *HABE KEINE ANGST, MEIN KIND, ICH BESCHÜTZE DICH.*
OM SAI RAM

25.09.1995 ~ 3.10 Uhr

Alles Sein, alles Werden hat nur den Sinn, dich teilhaben zu lassen an der unendlichen Liebe. Diese Erkenntnis, mein Kind, ist der wichtigste Teil deiner Entwicklung. Erkenne, dass diese Liebe unauslöschlich in dir verankert ist, sie ist das göttliche, niemals auslöschbare Sein. Dieses Wissen macht dich frei von allen Gefahren und Abhängigkeiten.
Wer es in sich trägt, wem es bewusst wird, der ist beschützt. Darum, mein Kind, fühle sie in dir, die göttliche Liebe, und du bist frei von allen Bindungen, außer der Bindung zu mir.

ॐ *HABE KEINE ANGST, MEIN KIND, ICH BESCHÜTZE DICH.*
OM SAI RAM

26.09.1995 ~ 3.50 Uhr

›Höre den Ruf der Erde. Sei bereit, deine Lichtarbeit zu tun. Wir bitten dich, beginne dich einzulassen auf unsere Schwingungsfrequenz. Du machst das sehr gut. Atme tief und gleichmäßig. Das Beten des Gayatri Mantras ist eine große Hilfe. Die Aufgabe, die du übernehmen sollst, ist wichtig.

Wir haben den Auftrag, euch bei der Lichtarbeit zu unterstützen. Unsere Galaxie ist seit Millionen von Jahren Träger des Lichtes und der Liebe. Friede und Eintracht sind unser oberstes Gesetz. Nun wurden wir aufgefordert, zur Aktivierung dieser Eigenschaften in euch Hilfestellung zu geben.
Wir wissen um die Schwierigkeit dieser Aufgabe. Wir bekamen die Erlaubnis, über Lichtlinien, die auf eurer Erde vorhanden sind, einzudringen. Diese Linien werden geschützt, nur Lichtwesen dürfen sie benutzen. Du bist Empfänger einer solchen Linie, aber wir brauchen auch deine Erlaubnis, denn sie ist oberstes Gebot, die Einhaltung des freien Willens.
Wir wissen um dich, alles ist uns bekannt, wir haben den Kontakt hergestellt und fühlen deine Bereitschaft, du sollst lernen, anderen zu helfen. In eurer Zeit ist es wichtig, die Gefahren zu überstehen, die euch bedrohen. Wenn ihr lernt, euch zu verbinden, wird eine starke Kraft entstehen.
Wichtig ist, dass du die Lichtverbindung beherrschst. Diese Übung ist wichtig. Menschen, die zu dir kommen, sollen die Lichtlinien meditieren üben. Die Verbindung erfolgt über euer Stirnchakra, drittes Auge genannt. Achtet sorgfältig darauf, euch Licht und Liebe zu senden, euch einzuhüllen morgens und abends in weißes Licht. Der Schutz ist gegeben vor allem Bösen. Es ist wichtig, dass Lichtverbindungen entstehen. Niemand kann diese Lichtlinien zerstören. Die himmlischen Wesen benutzten diese Linien. Das Gesetz der Liebe verbietet ihren Missbrauch.
Hilf den Menschen, sich anzuschließen an diese Bahnen. Viele werden wie du den Auftrag erhalten, Lichtkontakt aufzubauen. Wesenheiten aus anderen Sternengalaxien sind zur Rettung aufgerufen. Dieser Aufruf wird auch euch nicht wohlgesinnten Mächten bekannt werden.
Sie werden eingreifen wollen in den Plan der Rettung, aber sie dürfen nicht über die Lichtlinien eindringen. Es gibt für sie keine, ich wiederhole, keine Möglichkeit dazu.
Darum habe keine Angst, beginne mit dem Aufbau der Lichtlinien, viele Menschen werden sich miteinander verbinden.
Siehst du, deine Unruhe ist vergangen. Ich fühle Freude in dir. Dies ist mein Geschenk an dich. Ich werde deinen Lichtlinien folgen. Hab Dank und einen lichtvollen Tag.‹

Du brauchst mehr Ruhephasen am Tag, aktiviere durch Ruhe und innere Einkehr deine Stärke, vergiss nicht, du bist ein Kind der Liebe, PREMA.
Dein Weg ist begleitet und beschützt.
Hara er hara almah ero antala namaha ha dakar et elno manala.
Die Wege, die ein Mensch gehen darf, sind seit langer Zeit in ihm verankert. Wenn es ihm gelingt, diese Wege zu finden, wird er erfüllt sein von Licht und Liebe, sein Weg wird begleitet werden durch alle Dunkelheit.
Ich, der dieses versprach, wache auch mit meiner Liebe darüber, alle Zeit. Freude und Glück sollen deinen Weg begleiten. Wiederhole den Namen des Herrn, bete und schließe dich an das Lichtnetz an. Du darfst deine Aufgabe in dir aufnehmen. Alles Sein, alles Werden unterliegt dem Einen, der alles erschuf. Ich bin gekommen, euch Frieden zu bringen, aber Friede beginnt im Herzen, und von dort kann er sich ausdehnen. Wer Friede in sich trägt, ist geschützt von mir.

ॐ *HABE KEINE ANGST, MEIN KIND, ICH BESCHÜTZE DICH.*
OM SAI RAM

28.09.1995 ~ 4.20 Uhr

Habe Vertrauen in die Allmacht und Allwissenheit meiner Taten und Worte. Niemand auf eurer Erde kann das Ausmaß meines Handelns begreifen. All mein Tun, all mein Handeln dient nur dem einen Zweck, Liebe und Veränderung auf die Welt zu bringen. Wie dies geschieht, wen oder was ich dazu benutze, geschieht allein nach meinem göttliches Willen. Wann immer ich glaube, dass etwas nötig ist, wird es geschehen, nichts und niemand hindert mich daran, was oder wer auch immer es sei.
Ich lebe nur zum Wohle der Menschheit. All mein Sein ist erfüllt von Liebe und Gnade. Jeder, den ich einfüge in den Aufbau der neuen Ordnung, hat seine Berechtigung. Ihr sollt lernen, euch gegenseitig zu achten. Es ist nicht wichtig, was er tut, sondern wie er es tut. Ich entscheide, ob er die Fähigkeit der Heilung, die Gnade der Durchsage oder die Aufgabe des Organisierens hat. Jedes ist gleichberechtigt.

Warum nehmt ihr Menschen immer Wertungen vor? Seid dankbar und voller Hingabe, wenn ich euch eingliedere in meinen Prozess zur Rettung eurer Erde. Große Organisationen haben den Zweck, einen Rahmen zu schaffen, das Zusammenfügen großer Teile über die ganze Welt.
Nehmt es hin, dass, wenn Millionen verbunden werden müssen, nicht jeder zu Wort kommt, aber dafür erwähle ich Einzelne, die die Aufgabe bekommen, die Immunität des großen Gebildes auszugleichen. Jeder Einzelne, der die Gnade meiner Führung bekommt, ist ein Geschenk an die Menschen seiner Umgebung. Jeder hat die Gelegenheit, mein Wirken aus nächster Nähe zu spüren. Durch ihn teile ich meine Liebe mit.
Meine Liebe und Gnade sind unendlich. Darum habt Vertrauen in die Menschen, die ich sende. Ihre Fähigkeiten haben nur den einen Sinn, euch die Allmacht meiner Liebe zu zeigen.
Niemand hindert mich daran, etwas zu tun, was ich für richtig erkannt habe. Darum, mein Kind, wirke weiter, und alles Tun ist geleitet von mir. Ich füge zusammen, ich teile euch Dinge mit, die ihr übermitteln dürft. Heilung und Liebe sind mein Geschenk an euch.
Möge eure Liebe und die Kraft meines Segens euch verbinden zum Wohle der Menschen, die euch umgeben und die Hilfe suchen in ihrer Not. Ich, der um alles Leid und eure Schmerzen weiß, körperlicher und seelischer Art, sende euch meinen Segen. Alles Sein, alles Werden hat nur den einen Sinn, sich anzuschließen an die göttliche Liebe.

ॐ *HABE KEINE ANGST, MEIN KIND, ICH BESCHÜTZE DICH.*
OM SAI RAM

01.10.1995 ~ 3.30 Uhr

Viele Leben braucht ein Mensch, um an den Punkt zu gelangen, an dem du heute stehst.
Ich habe dir folgendes mitzuteilen: Beginne mit der Arbeit, lerne zu erkennen, dass alles in deinem Leben eine Bedeutung hat. Ich weiß, dass die Tage der Ruhe vorbei sind. Beginnt mit der Neuordnung, habt Vertrauen in die Kraft und Möglichkeiten, die ihr habt in der neuen Zeit.

Dein Weg ist vorbereitet. Manchmal geschehen Dinge, die dich verwundern werden, aber lasse es zu, dass du eingebettet wirst in die neue Zeit.
Lerne zu erkennen. Die Menschen, die du erfüllen sollst mit meiner Liebe, werden den Weg finden zu euch. Ich weiß um die Gefahren, die einem Menschen begegnen können. Hüte dich vor Schmeicheleien anderer, erkenne, dass du nur den Auftrag hast, Überbringer meiner Liebe zu sein.
Glaube mir, ich habe die Aufgabe, euch Menschen zurückzuführen zu eurem Ursprung, ich will euch erkennen lassen, dass all euer Handeln nur den Sinn hat, euch anzuschließen an eure innere Kraft.
Erkennt, dass ihr göttlich seid. Ich habe diese meine Botschaft in euch verankert.
Beginne mit der Arbeit. Ich weiß um die Möglichkeiten, die euch Menschen verbinden. Ich füge euch zusammen, ich teile euch Dinge mit. Habt Geduld.
Du bist zu müde, diese Dinge heute aufzunehmen.

Habe keine Angst, mein Kind, ich beschütze dich.
OM SAI RAM

04.10.1995 ~ 2.15 Uhr

Die Nacht vor unserem Abflug nach Indien.

Öffne dein Herz und begib dich in das Schwingungsfeld meines göttlichen Seins. All meine Liebe wird dich empfangen. Die Tage eures Hierseins werden erfüllt sein mit Friede und Liebe. Alle Menschen, die dich begleiten, werden geführt werden durch meine göttliche Gnade.
Ich, der Herr aller Welten, heiße euch willkommen. Wer das Licht meiner Gnade geschaut hat, wird erfüllt sein von ihm alle Zeit. Du darfst dieses Licht weitertragen und die Menschen erfüllen mit Worten und Taten.
Die Sonne und der Glanz meiner Herrlichkeit wird euer Leben verändern. Lasse die Freude, die dich erfüllt, ausstrahlen.

Kommt nach Hause, meine Kinder, ich erwarte euch.
OM SAI RAM

10.10.1995 ~ 3.10 Uhr ~ Puttaparthi

›Höre den Ruf, du Kind der Erde, dein Commander bittet um Einlass.
Der Ruf, der dich erreicht, ist ein Zeichen unserer Verbundenheit. Niemand darf eindringen ohne Erlaubnis des höchsten Seins an diesen Ort.
Bekunde deine Achtung dadurch, dass du immer wieder dich einlässt auf das göttliche Spiel.
Ich weiß, dass ihr Menschen den freien Willen habt, aber glaube mir, wenn du dich einlässt auf das Spiel des Lebens, wirst du eine Leichtigkeit bekommen, die es dir möglich macht, ohne Schmerzen durchs Leben zu gehen. Spielerisch wird dir alles entgegenkommen, lege sie ab, die Schwere, und du bekommst die Freude dafür.
Dieser Tag wird dein Lehrmeister sein.
Teile die Aufmerksamkeit mit den Menschen deiner Umgebung, achte auf Signale.
Die Kraft unserer Energie wird dich umgeben. Die Wahrnehmung einer Vielfalt von Energien wird euch in den nächsten Jahren dazu befähigen zu überleben. Energien und Lichtlinien werden euer Kommunikationsmittel sein.
Darum ist es von großer Wichtigkeit, eure Wahrnehmung zuschärfen. Sie wird die wichtigste Verbindung sein zu den Wesenheiten, die gekommen sind, um euch aufzunehmen.
Kinder, die nun geboren werden, haben hierzu eine besondere Fähigkeit. Darum ist es wichtig für ihre Mütter, diese Empfindsamkeit zu spüren. Du darfst viele Menschen lehren, diese Sensibilität zu erkennen.
Alles Wissen darüber wird euch nahe gebracht werden. Haltet euch bereit.
Habt einen lichtvollen Tag und viel Freude.‹

Der Weg, den du gehen darfst, ist geleitet von mir. Habe Vertrauen in die Allmacht meiner Liebe. Ich will euch neue Wege zeigen. Ich will euch erneuern. Haltet die Sinne geöffnet für die Dinge, die euch erreichen sollen.

ॐ *HABE KEINE ANGST, MEIN KIND, ICH BESCHÜTZE DICH.*
OM SAI RAM

11.10.1995 ~ Puttaparthi

Alles in eurem Leben hat einen Sinn, glaubt nicht, dass auch nur irgend etwas ohne Absicht geschieht.
Euer Leben ist eingebunden in meine göttliche Ordnung. Wenn ich will, dass ihr eine Entwicklung durchmacht, schaffe ich auch die Bedingungen dazu.
Ihr sollt lernen, ihr sollt euch entwickeln, nur so habt ihr die Chance, bereit zu sein für die letzte aller Entwicklungen, den Eintritt in das Reich der Unendlichkeit.
Darum höre auf die Signale, die ich dir sende. Du spürst sie in dir, achte auf sie. Dein Weg ist geführt von mir, habe Vertrauen und lasse dich leiten.
Wenn du eine Entscheidung triffst, achte immer darauf, dass sie eingebunden ist in meine göttliche Ordnung. Lasse dich nicht ein auf andere Dinge.
Der Tag wird kommen, an dem du gelernt haben musst, nach dieser Ordnung zu handeln. Sie wird entscheidend sein für alles andere.
Darum lerne schon heute, auf diese Zeichen zu achten. Vergiss niemals, dass dein Leben ab dem Tag, als du vor der Entscheidung standest und dich für den Weg zu mir entschiedst, eine neue Aufgabe bekommen hat: meine Liebe in ihnen zu wecken und die Menschen, die dich umgeben, zu mir zu bringen, auf dass sie meine Liebe schauen.

ॐ *HABE KEINE ANGST, MEIN KIND, ICH BESCHÜTZE DICH.*
OM SAI RAM

14.10.1995 ~ 4.10 Uhr ~ Puttaparthi

Kannst du erkennen, welche Macht die Liebe hat? Wenn zwei Menschen verbunden werden durch sie, dann gehören sie zusammen für lange Zeit. Ihr Weg wird geleitet von dem Verlangen der Gemeinschaft.
Manche Menschen versuchen sich dem zu entziehen, sie sind nicht bereit, die Verantwortung zu übernehmen, die eine Beziehung mit sich bringt. Aber glaube mir, kein Weg führt an dieser Gemeinschaft vorbei.
Wenn es dir nicht gelingt, sie in diesem Leben zur Vollendung

zu bringen, werde ich dir deine Lernaufgabe immer wieder senden, denn weißt du: Nichts ist mir so wichtig wie eine gute Partnerschaft. In ihr kannst du die ganze Vielfalt meiner Liebe erfahren.
Wie kann ein Mensch etwas über die Liebe wissen, wenn er sie nicht erlebt hat?
Du kennst die Süße einer Traube auch nur, wenn du sie gekostet hast. Keine Beschreibung bringt annähernd den Genuss.
Darum laufe nicht davon, wenn ich dir Liebe sende, erkenne ihren Wert und teile sie mit den Menschen, die ich dir sende, denn die Liebe verbindet alles, was mir wert ist.

ॐ *HABE KEINE ANGST, MEIN KIND, ICH BESCHÜTZE DICH.*
OM SAI RAM

15.10.1995 ~ 2.20 Uhr ~ Puttaparthi

Begib dich in das Schwingungsfeld der göttlichen Aura.
Halte dich bereit, Dinge in dich aufzunehmen.
Niemand von euch kann ermessen, welche Veränderungen euch erwarten.
Klarheit und die Bereitschaft, Helfer zu sein für die neue Zeit, das ist es, was ich von den Menschen erwarte, die bereit sind, die neue Ordnung mitzutragen.
Überall auf der Welt habe ich mir diese Helfer ausgesucht.
Sie werden in großer Konzentration an meinem Geburtstag zusammentreffen.
Haltet euch bereit, Dinge zu erfahren, nehmt einen Austausch untereinander vor. Immer wieder wirst du auf Menschen treffen, die ähnliche Erfahrungen gemacht haben.
Lasst Verbundenheit entstehen, nur so ist es möglich, dass ein Austausch stattfindet.
Der wichtigste Punkt ist eure gegenseitige Achtung. Alle Projektionen sollen vermieden werden. Ich allein entscheide darüber, was richtig oder falsch ist. Ich nehme die Dinge wahr, die ihr gegenseitig erkennen sollt.
Wichtig ist, dass ihr bereit seid, voneinander und miteinander daraus zu lernen.
Vieles wird geschehen, das euch aufmerksam machen soll.

Nehmt Anteil an den Menschen, die euch begegnen. Jeder Einzelne ist mir wichtig.
Verbindet euch durch das Band der Liebe.

ॐ *Habe keine Angst, mein Kind, ich beschütze dich.*
OM SAI RAM

18.10.1995 ~ 4.45 Uhr ~ Puttaparthi

›Höre den Ruf, du Kind der Erde, dein Commander bittet um Einlass. Du hast die Menschen, die du brauchst, um auf deinem Weg der Liebe weiterzukommen, in deiner Nähe. Warte ab, welche Energien sich entwickeln, die Bereitschaft dazu ist vorhanden bei allen, die dich begleiten. Nimm die Gelegenheit wahr, diesen Energieschub aufzunehmen.
Ihr sollt lernen, Gedankenkraft durch Übermittlung auf der energetischen Ebene auszutauschen. Versucht dies durch gemeinsames Meditieren. Die Verbindung eurer Lichtlinien über das dritte Auge ist sehr stark.
Wenn es euch möglich ist, versucht diese Übung täglich, nicht die Länge ist entscheidend, sondern die Regelmäßigkeit. Achtet sorgfältig darauf, dass ihr lernt, euch gedanklich und energetisch zu verbinden. Im kommenden Zeitalter wird es wichtig sein, dass Menschen, die mit euch verbunden sind, diese Art der Kommunikation beherrschen. Es ist sehr wichtig, dass ihr die Fähigkeiten der Energiekommunikation erlernt. Ihr habt die Möglichkeit, auch mit Menschen in Verbindung zu treten, die tausende von Kilometern von euch entfernt sind.
Alles ist wichtig, was euch verbindet. Lasse die Energien fließen, du Kind von unserem Stern. Ich danke dir, dass du mich empfangen hast.
Diese Art der Energieübertragung ist auch mit deinen Zimmergenossinnen möglich, wenn sie lernen, Energiewellen aufzunehmen. Wichtig dazu ist die Aktivierung der Lichtlinien. Versucht gemeinsam, diese Linie zu finden.
Habt einen lichtvollen Tag und viel Freude.‹

ॐ *Habe keine Angst, mein Kind, ich beschütze dich.*
OM SAI RAM

20.10.1995 ~ 3.15 Uhr ~ Puttaparthi

Alles Sein, alles Werden hat nur den einen Sinn, dich in deiner Entwicklung mir nahe zu bringen.
Warum, glaubst du, geschieht das Wunder dieser Erweckung? Damit ich dir den Weg zeigen kann, den Weg aus der Bedrängnis, den Weg zurück zu deinem Ursprung. Der Ursprung allen Seins ist die Liebe.
Nur sie allein vermag, was sonst niemandem gelingt, dich zu befreien von aller Unrast.
Dein Leben hat die Chance, einen neuen Weg zu nehmen, den Weg zu deiner inneren Quelle. Der Weg zu dir ist immer auch der Weg zu mir.
Getragen von der Liebe kannst du neue Sichtweisen erlangen, die es dir möglich machen zu erkennen, dass Liebe das Einzige ist, was dich befreit von deinen Wünschen. Ab da ist es dir möglich, alles neu zu ordnen.
Friede und Freude werden dich begleiten.

ॐ *HABE KEINE ANGST, MEIN KIND, ICH BESCHÜTZE DICH.*
OM SAI RAM

24.10.1995 ~ 1.15 Uhr ~ Puttaparthi

›Höre den Ruf, du Kind der Erde, dein Commander bittet um Einlass.
Ich, Euraklion, der beauftragt wurde, deine Einweihung vorzunehmen, lasse dich wissen, dass du bereit bist, dem Weg der Lichtlinien zu folgen. Heute ist es dir gelungen, den Weg zu gehen. Sende sie aus, deine Lichtlinie, der Herr aller Welten wird sie empfangen.
Der Moment, in dem du erkannt hast, worauf es ankommt, der hat dir den Zutritt verschafft. Manchmal gelingt es euch, sich zu erinnern an tief verborgenes Wissen. Das ist der Moment, der dich weiterbringt.
Das alte Wissen ist in jedem Menschen gespeichert, je nach seiner Entwicklung und je nachdem, welche Inkarnationen er durchlaufen hat. Es ist verschlossen für den Menschen, der nicht die Umkehr schafft. Die Umkehr ist der Weg zurück zu seinem Ursprung.

Jedem Menschen, der aus reinem Herzen bittet, wird die Gnade gewährt, wenn er bereit ist, sich hinzugeben mit all seinem Sein. Habe keine Angst, dein Weg ist beschützt. Du darfst Dinge erfahren, die wir dir mitteilen. Versuche jeden Tag, dich anzuschließen. Beginne den Tag mit Meditation und Gebet.
Regelmäßigkeit ist wichtig.
Euraklion hat eine Bitte, achte sorgfältig darauf, dass du guter Stimmung bist. Lasse alles abfließen wie ein Tautropfen auf einem Blütenblatt. Immer, wenn dich etwas aus deiner inneren Ruhe bringt, stelle dir ein Glas kristallklares Wasser vor.
Du hast einmal an einer Quelle gesessen und dich in sie versenkt. Damals batest du, diesen Ort nie verlassen zu müssen. Aber du hattest eine Aufgabe zu erfüllen, die dich weitertrieb. In dir ist dieser Schatz verborgen, nun darfst du ihn visualisieren, damit er dir Kraft gibt. Versuche es.
Friede sei mit dir und habe einen lichtvollen Tag.‹

Das Wissen aus alter Zeit ist verborgen, aber ich schenke dem Menschen die Erinnerung, wenn ich ihn bereit dazu finde.
Der Zeitpunkt ist gekommen, wenn der Mensch begriffen hat, dass Liebe allein alles in sich birgt. Das Wissen darum ist der Anfang einer wunderbaren Reise zu mir.

ॐ *HABE KEINE ANGST, MEIN KIND, ICH BESCHÜTZE DICH.*
OM SAI RAM

25.10.1995 ~ 3.30 Uhr ~ Puttaparthi

Warum, glaubst du, hole ich dich hierher in meinen Ashram?
Warum, glaubst du, verwende ich alle diese Mühe?
Du denkst: Es ist doch ganz einfach. Ich steige ins Flugzeug, und dann bin ich angekommen! Weißt du eigentlich, wie wichtig es ist, dass du hier bist? Nicht dein Wille, sondern der meine hat dich zu mir geführt. Ich habe erkannt, dass es für deine Entwicklung unsagbar wichtig ist.
Sorgsam wähle ich die Menschen aus, es gibt die vielfältigsten Gründe dazu.
Manche Menschen befinden sich in einer schweren Lebenskrise, sie stehen am Abgrund. Ich helfe ihnen, einen neuen Weg zu finden. Ich hülle sie ein mit meiner Liebe.

Andere brauchen einen Entwicklungsschub, um weiterzukommen, sie sollen meine Liebe schauen, um zu erkennen. Wieder andere werden von mir ausgewählt, weil ich weiß, der einzige Weg, um ihr Lebensziel zu erreichen, ist, ihre Aufmerksamkeit nach Innen zu richten. Sie leben zu sehr im Außen. Sie sollen zu sich zurückfinden.
Manchen erweise ich die Gnade, ihre Aufgabe, die sie sich in diesem Leben ausgesucht haben, mit meiner Hilfe zu beenden. Immer, glaube mir, immer habe ich erkannt: Dieser Mensch ist es wert, meine Liebe zu schauen. Denn, glaube mir, meine unendliche Liebe hat dich zu mir geführt.
Darum habe ich eine einzige Bitte, und sie geht nur an dich. Lasse dich ein, lasse dich führen. Frage nicht warum.
Setze dich in meinen Darshan, und glaube mir, wer auch immer in diesen heiligen Hallen sich befindet, wird berührt von mir. Niemand geht verloren, niemand braucht zu denken, dass ich ihn nicht wahrnehme. Ich nehme alles und jeden wahr. Alle deine Gedanken, all deine Gefühle sind mir vertraut.
Erschrecke nicht, du bist mir lieb.
Ich verstehe deinen Zorn, ich verstehe deine Trauer, ich fühle deinen Schmerz, ich empfange deine Liebe. All eure Gefühle sind mir lieb und wert.
Ich erkenne, was ein Mensch durchmacht, ich achte seine Prozesse, die er durchläuft, um letztendlich erfüllt zu werden von der Allmacht meiner Liebe.
Dieser meiner Liebe entgeht auf Dauer niemand, egal, wie sehr er sich dagegen wehrt. Denn Liebe ist es, was jeder Mensch tief in sich spürt, wenn er meinen Segen empfängt.
Darum öffne dich, zeige mir, dass meine Mühe nicht umsonst war, dich hierher zu bringen. Nichts sonst erwarte ich von dir. Du sollst sie aufnehmen in dich, gebe dir die Chance, dich davon erfüllen zu lassen.
Dann, mein Kind, machst du mir eine große Freude, die Freude deiner Erweckung. Alles, glaube mir, alles in deinem Leben wird sich dann verändern.
Diese Gewissheit ist das Einzige, was ich dir versprechen kann. Den Weg hierher habe ich dir geebnet, aber was du daraus machst, ob du den Weg gehen willst, was du zulässt, das, mein Kind, ist dein freier Wille.

Ich hülle dich ein mit meiner Liebe und Gnade, du musst sie nur einlassen in dich.
Ab diesem Tag werden wir eins sein, du und ich.

ॐ *HABE KEINE ANGST, MEIN KIND, ICH BESCHÜTZE DICH.*
OM SAI RAM

26.10.1995 ~ 3.50 Uhr ~ Puttaparthi

Die Welt wird neu geordnet werden. Die Menschen werden einen energetischen Schub erhalten. Die Werte werden neu geordnet werden. Es wird Menschen geben, die das alte Wissen wiedererlangen. Sie werden die Gabe der Erinnerung bekommen, von ihnen wird die Erneuerung ausgehen.
Viele Menschen mit diesem Wissen sind zur Zeit inkarniert. Ihre Fähigkeiten werden aktiviert.
Es gab eine Zeit, die man das Goldene Zeitalter nannte, Frieden und Eintracht herrschten auf dieser eurer Erde. Ich bin gekommen, diesen Zustand wiederherzustellen.
Darum suche ich Menschen aus, die die Erinnerung daran wiedererhalten werden. Andere Menschen dürfen die Gabe des Augenblicks erhalten. Sie werden im Hier und Heute leben. Sie werden die Welt aus dem Jetzt begreifen, sie werden sein wie die Kinder. Alle Erinnerung wird ausgelöscht sein, sie werden die neuen Werte in sich aufnehmen und sie leben.
Die Kinder, die neu geboren werden, haben eine tiefe energetische Verbindung mit allen Menschen, auf dass die Verbundenheit unter den Menschen wächst.
Ich habe mit Liebe alles vorbereitet. Die Welt wird sich verändern. Liebe wird der wichtigste Träger aller Informationen sein. Wesen aus anderen Welten werden euch einweisen in die wichtigsten neuen Lebensgewohnheiten. Ich werde die Spreu vom Weizen trennen.
Keiner, der nicht bereit ist, diese neue Entwicklung mitzutragen, wird die Chance der Entwicklung haben, er wird in die Unsicherheit fallen und untergehen. Darum achtet auf Zeichen und nehmt alles wahr. Seid voller Liebe und Vertrauen.
Die Zeit ist nicht mehr fern, in der ihr erkennen werdet. All meine Liebe wird die umhüllen, die bereit sind, neue Wege zu

gehen. Den Weg der Rechtschaffenheit, der Wahrheit, der Gewaltlosigkeit, der Liebe und des Friedens.
Friede sei mit euch, alle Zeit.

ॐ *HABE KEINE ANGST, MEIN KIND, ICH BESCHÜTZE DICH. OM SAI RAM*

28.10.1995 ~ 3.15 Uhr ~ Puttaparthi

Die Leiden in dieser Welt sind unendlich. Ich bin gekommen, sie aufzulösen. Ich wurde gerufen von den Seelen der Menschen, die dies nicht mehr ertragen konnten.
Viele tausende von Jahren haben Inkarnationen von ausgesuchten Seelen versucht, eine Veränderung herbeizuführen. Sie wurden ausgesandt, um diesen euren Planeten zu verwandeln, denn bevor ein Avatar diese Erde betritt, müssen die, deren Auftrag es war, für das Wohl aller zu sorgen, einen Versuch unternommen haben. Aber es ist ihnen trotz aller Hilfe nicht gelungen, darum wurde ich von den himmlischen Mächten zu euch gesandt.
Die Allmacht meiner Liebe und Güte soll euch bewegen. Kein Eingriff, sondern Umwandlung soll die Veränderung herbeiführen. Ich begann in diesem Lande, das die Heimat alter Traditionen ist, ich versuche, die alten Werte zurückzubringen. In diesem Lande haben die Wurzeln der Weisheit ihren Platz, von hier sandte ich Seelen über die ganze Welt, sie sollen bei der Erneuerung mithelfen.
Kein Avatar ist je herabgestiegen, ausgestattet mit der Vielfalt meiner Möglichkeiten. Ich bin erfüllt mit unendlicher Liebe, denn Liebe ist auf Dauer das Einzige, das selbst die Ungläubigsten durchdringt. Es ist eine langsame Art der Umwandlung, aber letztendlich die einzige, der sich auf Dauer niemand entziehen kann.
Wie ich im Großen wirke, soll jeder von euch, den ich gerufen habe, im Kleinen wirken.
Beginne meine Liebe zu verbreiten. Beginne bei dir, gehe weiter zu deinem Nächsten, deiner Familie, deinen Freunden und deinen Nachbarn. Lasse sie fließen an deiner Arbeitsstelle. Begreife, wo immer du dich befindest, dass Liebe, ausgedrückt

in Freundlichkeit, Hilfsbereitschaft, Zuwendung, Verständnis und Einfühlungsvermögen, Menschlichkeit in jedem weckt, denn das ist es, was euch unterscheidet von jedem anderen Wesen auf eurem Planeten.
Diese Eigenschaften wurden euch von mir gegeben.
Liebe, Liebe, Liebe ist ein so wunderbares Geschenk an euch Menschen. Die Fähigkeit zu lieben ist es, die euch über alle Kreatur, über alles Sein erhebt. Sie ist es, die euch mir ähnlich macht. Warum nutzt ihr sie so wenig? Sie ist die Kraft, die alles verändern kann. Sie ist die Kraft, die euch alles, ich sage euch, alles, was ihr wollt, letztendlich durchdringen lässt.
Darum beginne noch heute damit, dein Leben zu erfüllen.
Hilf mit, durch die stärkste Kraft auf Erden die Veränderung der Welt herbeizuführen.
Das ist es, was ich von dir will, darum kamst du hierher, darum durftest du meine Liebe schauen. Ich sende sie aus, wo immer ein Mensch den Weg zu mir findet.
An diesem meinen Geburtstag wollen wir sie gemeinsam fließen lassen über die Welt.
Jeder, der an diesem Tag im Schwingungsfeld meiner göttlichen Aura sich befindet, wird Träger der neuen Zeit sein. Der Tag wird ein Kraftfeld der Liebe werden, und du bist ein Teil davon.
Darum strahle sie aus, meine Liebe.
Prema, Prema, Prema.

Habe keine Angst, mein Kind, ich beschütze dich.
OM SAI RAM

30.10.1995 ~ 3.50 Uhr ~ Puttaparthi

›Höre den Ruf der Erde, dein Commander bittet um Einlass.
Ich, Euraklion, der Herr von Mora, habe eine dringende Nachricht. Am 23., 24. und 25. November wird in eurem Schwingungsfeld eine starke Veränderung empfangen werden.
Die Konstellation der Sterne wird sich verändern. Dunkelheit wird herrschen, aber sie wird überwunden werden.
Dein Hauptaugenmerk sollst du auf den 23. November richten.
Es wird ein Lichtpunkt sein, der unsagbares Ausmaß haben wird. Die Inkarnation des göttlichen Seins wird seine Herrlich-

keit offenbaren. Der Mensch, der erkennt, dass die Unendlichkeit der Liebe herabgestiegen ist, hat alles aufgelöst, was je an Schuld und Verantwortung auf ihm lag. Er wird frei sein von allen Bindungen.
Hora al nah hora matha ehnu namaha.
Die Liebe allein ist ein Geschenk von unschätzbarem Wert. Ihr Menschenkinder nehmt sie auf, lasst euch berühren von ihr. Eine starke Verbindung wird entstehen. Kein Lebewesen, das an diesem Tag sein Antlitz schaut, wird verloren gehen.
Die Tage danach sollen euch nicht beunruhigen, wir werden in eurer Nähe sein. Bleibt zusammen und betet gemeinsam. Eine große Dunkelheit wird kommen.
Habt Vertrauen, ich schütze euch. Du sollst auf dein Schwingungsfeld achten, umgib dich mit Fröhlichkeit und Liebe.
Du hast die Gabe der Lichtverbindung, lasse sie fließen in die Herzen der Menschen, öffne sie für die Liebe des göttlichen Seins. Die Menschen werden es spüren, wenn du ihnen deine Erfahrungen mitteilst.
Der Mensch hat die Veranlagung, das Wissen von Menschen aufzunehmen, die Erfahrungen gemacht haben. Es ist leichter für sie, Menschen zu folgen als der Liebe selbst. Darum stieg Er herab zu euch. Du darfst Helfer sein. Erfülle dein Leben mit Dankbarkeit für dieses Geschenk.
Ich sende dir Lebensenergie, habe einen lichtvollen Tag.‹

Der Tag wird kommen, da alle Welt meine Herrlichkeit erkennen wird. Niemand kann das Ausmaß meiner Liebe zu euch Menschen begreifen. Ich kam als Mensch zu euch, aber die Allmacht meines Handelns ist unermesslich.
Nehmt sie auf, meine Liebe, in euch, sie wird euch verändern. Die Wesenheiten von Mora sind fähig dazu, darum kamen sie in die Lichtlinie.

ॐ *Habe keine Angst, mein Kind, ich beschütze dich.*
OM SAI RAM

03.11.1995 ~ 3.50 Uhr ~ Puttaparthi

Schau dir das Wunder Mensch einmal ganz genau an. Glaubst du, dass dies so einfach entsteht?

Nehme die Vielfalt der Menschen in dich auf und erkenne die wunderbare Schöpfung Mensch, sieh dich an und nehme dich einmal richtig wahr.

Schau deinen Körper an. Beobachte das Zusammenspiel deiner Gliedmaßen, schau in dein Gesicht, entdecke die kleinsten Besonderheiten darin. Schau dir die Augen eines Menschen an, seine ganze Seele ist darin verborgen. Nimm all dies wahr.

Jeder Einzelne ist einmalig und außergewöhnlich.

Dann fühle in dich hinein, achte auf deinen Atem, achte auf deine Gefühle, nimm dich wahr mit allem, was du bist.

Du bist das wunderbarste, unverwechselbare Sein, du bist entstanden aus der Liebe, meiner Liebe zu euch Menschen.

Glaube mir, nichts in meiner Schöpfung wurde so vollendet und außergewöhnlich erschaffen wie du!

Warum achtest du Mensch dieses mein Wunder so wenig?

Glaube mir, was mit so viel Liebe und Sorgfalt entstand, verdient die Achtung eines Jeden. Darum habe Achtung und Liebe für deinen Nächsten. Achte in ihm meine Schöpfung, achte in ihm dich und mich.

Wenn der Mensch doch endlich begreifen würde, dass die gegenseitige Achtung ein wichtiger Wesenszug ist, wenn der Mensch sich die Ehre erweisen würde, die ihm gebührt, dann wäre Frieden auf eurem Planeten.

Darum, meine Devotees, erweist euch gegenseitig die Ehre und Achtung, die ihr mir entgegenbringt, achtet in eurem Nächsten mich, dann bringt ihr mir das größte Geschenk dar. Dann erkennt ihr, dass das, was uns alle verbindet, Liebe ist. Diese Liebe kann so unermesslich sein, kann eine solche Verbundenheit erzeugen, dass alles durch sie bewirkt werden kann.

Liebe zu geben bedeutet aber auch, Liebe zu empfangen.

Sie ist wie ein Fluss, der von der Quelle gespeist wird. Viele kleine Flüsse fließen ihm zu, bis er zum Strom wird, um dann in das unendliche Meer zu münden, um sich zu verbinden mit seiner Unendlichkeit. So ist auch der Strom eures Lebens verbunden mit der unendlichen Liebe, darum münde ein in den Strom der Liebe. Sei mein.

Habe keine Angst, mein Kind, ich beschütze dich.
OM SAI RAM

08.11.1995 ~ 4.30 Uhr ~ Puttaparthi

Es gibt nur einen Gott, aber viele Wege führen zu ihm. So groß die Vielfalt der Menschen und Nationen ist, so vielfältig sind auch die Meinungen und Weltanschauungen.
Die Religionen bergen die vielen Möglichkeiten und Ausdrucksformen in sich, die den Menschen gegeben wurden, ihre Empfindungen auszudrücken. Wenn ihr doch nur begreifen würdet, dass jede Art mir wertvoll und lieb ist.
Unermesslich sind die Formen im gesamten Universum. Wenn ich erkenne, dass es aus reiner Liebe geschieht, wenn euch die Absicht der Hingabe bewegt, dann ist es mir lieb und wert. Hingabe, frei von Absichten und Wünschen, bringt mich euch nahe. Niemand von euch Menschen kann ermessen, was geschieht, wenn ich dies erkenne.
Ist der Punkt im Leben eines Menschen gekommen, an dem er erkennt, Gott ist Liebe, dann wird er erfüllt von ihr, dann wird sich alles in seinem Leben verändern. Denn wer die Liebe in sich aufgenommen hat, der ist angekommen, angekommen bei sich.
Das ist der wichtigste Punkt im Leben eines jeden Menschen.
Der Weg der Liebe ist der, der alles verbinden kann.
Wer liebt und dieses zulässt, der fragt nicht mehr: »Was bist du und du?«, der fühlt die Verbundenheit mit jedem Wesen, denn Liebe ist es, die euch alle verbinden soll.

ॐ *HABE KEINE ANGST, MEIN KIND, ICH BESCHÜTZE DICH.*
OM SAI RAM

10.11.1995 ~ 2.20 Uhr ~ Puttaparthi

›Höre den Ruf, du Kind der Erde, dein Commander bittet um Einlass. Ich, Euraklion, der Herr von Mora, habe eine Nachricht für dich.
Die Entstehung der neuen Ordnung wird große Verantwortung bedeuten für die Menschen, die aufgerufen sind, mitzuwirken an ihr. Die Geschehnisse werden große Veränderungen hervorrufen. Du wirst große Verantwortung übertragen bekommen, darum ist es wichtig, dass du lernst, Kontrolle über deine Gefühle zu erlangen. Die Einschätzung von Situationen wird

sehr wichtig sein. Du hast gelernt, in schwierigen Situationen Klarheit zu behalten, dein Urteilsvermögen wurde seit langem von uns geschult.
Die Verbindungen zu den Boten der Liebe sind sehr stark, dein Leben ist darauf ausgerichtet, Mittler zu sein zwischen den Welten. Die Menschen, die mit dir verbunden sind, werden dir dabei helfen.
Du darfst erkennen, dass diese Gemeinschaft von Menschen, die zusammengeführt wurde, wichtig ist für den Aufbau einer neuen Ordnung.
Eure Verbundenheit wird sich verstärken. Die Spannungen, die ihr im Moment empfindet, sollen euch zeigen, wo die Stärken und Schwächen eurer Gefühle sind. Egal, wie ein Mensch sich verhält, es ist der Ausdruck seiner momentanen Gefühle, die Schwankungen bilden die ganze Bandbreite seiner Persönlichkeit. Ihr sollt lernen, sie zu respektieren.
Die Zeit eurer Zusammenarbeit wird kommen. Ihr müsst bereit sein, Träger der neuen Ordnung zu werden. Die kommenden Aufgaben werden große Anforderungen an euch stellen. Die Menschen, die Empfänger sind, dürfen sie weitertragen, die Botschaften der Zeitenwende.
Nanto elma namaha hara al nah ha eianal mira mala.
Die Welt der Lichtwesen sendet euch Lebensenergie, nehmt sie auf und habt einen lichtvollen Tag.‹

Verbundenheit mit allen Menschen, die die Kraft der Liebe aufnehmen in sich an diesem meinem Geburtstag. Die Verbundenheit wird euch stärken und leiten für alle Zeit.

ॐ *Habe keine Angst, mein Kind, ich beschütze dich.*
OM SAI RAM

11.11.1995 ~ Puttaparthi

Was, glaubst du, geschieht, wenn ein Mensch bereit ist, sich auf das Wunder seiner Erweckung einzulassen?
Alle seine Sinne werden geschärft für die Wahrnehmung der Wunder, die Gott geschaffen hat, er wird erkennen, dass die Vielfalt des Lebens eine tiefe Bedeutung hat, er wird erfahren, dass die Geheimnisse des Lebens darin bestehen, dass alles,

aber auch alles, teilhat an einer gemeinsamen Information, dass alles nur dem einen Ablauf folgt, sich wieder zu verbinden mit seinem Ursprung.
Der Mensch hat als einziges Wesen die Möglichkeit der Entwicklung, der bewussten Möglichkeit der Entwicklung hin zu mir. Die Bewusstheit der Erkenntnis, ich will, ist der Beginn, du willst ist die Entwicklung, die ihn befähigt zu erkennen.
Wenn ein Mensch bereit ist, Gott zu vertrauen, und sagt: »Du willst, ich folge dir!« Dann ist er da angekommen, wo seine eigentliche Entwicklung beginnt.
Dieser Tag wird ihm ein neues Lebensgefühl schenken.
Nicht einer, der diesen Weg geht, ist je verloren gegangen. Er hat sie gefunden, die Zauberformel, die alles verändert, die ihm Ruhe und Frieden schenkt, die ihn erfüllt mit Liebe und Freude, die ihm die Unendlichkeit meiner Liebe offenbart. Die Formel, die da heißt: Herr, dein Wille geschehe.
Ich bin bereit dazu alle Zeit, dich aufzunehmen in mein Reich.

ॐ *Habe keine Angst, mein Kind, ich beschütze dich.*
OM SAI RAM

13.11.1995 ~ Puttaparthi

Du hast ein Versprechen gegeben vor langer Zeit. Die Erinnerung wurde dir geschenkt, die Gnade zuteil.
Der Mensch, der geleistet hat den Eid, hat die Verantwortung für alle Zeit. Egal, was geschieht, welchen Weg er auch geht, die Weltenbewahrer erinnern ihn.
Der Weg der Liebe ist dein Weg, über alle Zeiten durftest du ihn gehen. Achte die Zeichen und Worte. Du bist eingetaucht in die Erinnerung. Sie war ein Geschenk.

ॐ *Ich beschütze dich, mein Kind.*
OM SAI RAM

20.11.1995 ~ 3.10 Uhr ~ Puttaparthi

Ein Tag in deinem Leben hat oft keine große Bedeutung für dich, aber glaube mir, wenn du bereit bist, wenn du erkennst,

dass die kleinen Geschenke von mir dich täglich erreichen, dann wirst du erkennen, dass jeder Tag die Möglichkeit der Veränderung in sich birgt.
Darum warte nicht auf die gewaltige Veränderung, sondern erkenne: Jeder Tag, jede Stunde, jede Minute, ja sogar jede Sekunde gibt dir die Chance zu erkennen.
Darum sei bereit und offen für die glücklichste Sekunde deines Lebens. Ich führe und leite dich auf den Wegen deines Lebens.
Du wirst gestärkt durch die Erfahrung, dass Gott dein Begleiter ist, wenn du erkennst: Herr, dein Wille geschehe.
Wenn du dies erkennst, dann haben die Tage deines Lebens die Erfüllung gefunden, und du wirst glücklich und zufrieden sein.

ॐ *HABE KEINE ANGST, MEIN KIND, ICH BESCHÜTZE DICH.*
OM SAI RAM

29.11.1995 ~ 2.10 Uhr

Die heiligen Gebeine in der Kathedrale von Christo Bienn, Goa, legen Zeugnis ab von meiner Liebe und Gnade.
In vielen Kirchen und Kathedralen liegen solche Gebeine von Menschen, die meine unendliche Liebe empfangen haben.
Voller Ehrfurcht stehen die Menschen vor ihnen.
Der Weg, den die Menschen gegangen sind, denen diese Ehrfurcht zuteil wird, war oft ein schmerzvoller, durch Leiden gekennzeichneter Weg. Ich aber sage euch: Nicht Leiden, sondern Freude soll euer Weg sein zu mir.
Wenn ihr doch nur begreifen würdet, dass Liebe euch zu mir führt, ihr würdet euch viele Wege des Kummers ersparen.
Warum glaubt ihr Menschen nur, dass Schmerz, Not und Kummer der Weg ist, der zu Gott führt? Euer falsches Denken ist es, was euch dieses alles erleiden lässt. Ich bin frei von solchen Prüfungen, ich bin frei von allem, was euch belastet, auch ihr könnt den Weg zu mir ohne Mühsal gehen.
Eure eigenen Ängste und Zweifel lassen euch nicht los. Werft sie ab und kommt zu mir mit Liebe und Freude und voller Hingabe in eurem Herzen. Nichts anderes will ich von euch.
Liebe, die ihr mir darreicht, gebe ich euch tausendfach zurück.
Hingabe, die ihr für mich empfindet, wird Freude in euch er-

wecken. Dieser Dreiklang soll euer Leben erfüllen, er soll euch aufmerksam machen für die Schönheit meiner gesamten Schöpfung. Voller Dankbarkeit, dass ihr meine Geschöpfe seid, nehme ich eure Liebe an.
Niemand, wer immer es sei, darf euch etwas anderes als meine Liebe verkünden, denn nur sie allein ist es, die euch heimbringt zu mir. Der Mensch, der erkennt, Gott ist Liebe, dieser Mensch hat Frieden gefunden für alle Zeit.
Darum, meine Kinder, erfüllt euch damit, dass Frieden bei euch einzieht, dass ihr ihn aussendet an alle Wesen und von meiner Herrlichkeit berichtet, auf dass sie ausstrahlt und alles durchdringt, was bereit ist, davon erfüllt zu werden.
Alle Welten, alle Wesen haben nur einen Gott, und er ist Liebe.

ॐ *Habe keine Angst, mein Kind, ich beschütze dich.*
OM SAI RAM

04.12.1995 ~ 1.50 Uhr

Macht hoch die Tür, die Tor macht weit, dieses Lied wird in den nächsten Wochen wieder über die Erde klingen. Ihr singt es, um die Geburt Christi zu verkünden.
Habt ihr euch schon einmal genauere Gedanken gemacht über dieses Lied? Dann höre es dir einmal an und meditiere damit. Es hat eine große Kraft. Die Herrlichkeit, die es dir kundtut, ist, was ich euch immer wieder vermitteln will.
Nicht die Geburt Christi allein ist damit gemeint, sondern es ist ein Lobgesang der Engel auf den Herrn. Es ist die Verkündigung der Liebe auf dieser Welt.
Alles, was an Herrlichkeit über euch kommen wird, ist dort verkündet. Darum singt dieses Lied, preist meinen Namen, nehmt es auf in euch.
Ich bin gekommen, ich bin euch nah. Das Auge, welches die Herrlichkeit sehen will, braucht sich nur zu öffnen. Ihr Menschenkinder, ihr habt die unendliche Gnade, das Licht der Welt unter euch zu sehen. Werdet euch dessen bewusst, und dann erkennt, in welche Zeit ihr geboren wurdet.
Der Herr ist herabgestiegen, um euch in menschlicher Form die Herrlichkeit seiner Liebe zu euch zu demonstrieren.

Nehmt sie auf in euch, lobpreist seinen Namen, singt und freut euch, feiert die Zeit des Advents mit Dankbarkeit. Erfüllt euch mit Liebe, sendet sie aus an alle Menschen, die um euch sind. Ihr feiert in euren Kirchen die Geburt Christi. Er wurde die Brücke für Millionen zwischen mir und euch. Nehmt die Verbindung auf, geht über diese Brücke, geht der Herrlichkeit entgegen, die ihr in euren Liedern besingt.
O wohl dem Land, o wohl der Stadt, die diesen König bei sich hat. Ich sage euch: Wohl dem, der die Liebe, meine Liebe, in sich hat. Du bist den Weg gegangen, du durftest die Herrlichkeit meiner Gegenwart schauen. Dieses Geschenk, den Herrn von Angesicht zu Angesicht zu schauen, musst du dir einmal bewusst machen, dann sagst du nicht mehr: »Ich habe nichts Besonderes gesehen.«
O du Mensch, der du die Herrlichkeit des Lichtes wahrgenommen hast, falle auf die Knie und preise den Tag deiner Erweckung. Das, was du singst, seit du Kind bist, dieses Wunder wurde dir offenbar.
Ich habe dich mit meiner Liebe empfangen, ich habe dich zu mir geholt, ich habe dich gesegnet, ich habe dir Wege der Liebe gezeigt. Nun, mein Kind, freue dich, lobpreise meinen Namen. Halleluja!

ॐ *HABE KEINE ANGST, MEIN KIND, ICH BESCHÜTZE DICH.*
OM SAI RAM

08.12.1995 ~ 4.50 Uhr

Du sollst verstehen, du sollst erkennen, dass alles, was dir in deinem Leben begegnet, den Sinn hat, dich aufmerksam zu machen auf die neuen Entwicklungen, die dich betreffen.
Oft dauert es Jahre, bis ein Mensch begreift: Du sollst neue Wege gehen.
Es bedarf oft großer Anstrengungen von unserer Seite.
Viele himmlische Mächte müssen einem Menschen immer wieder verdeutlichen: Hab Acht! Schau hin! Ihr Menschen seid oft sehr schwerfällig, wenn es darum geht, eine Veränderung herbeizuführen. Ihr begreift oft erst, wenn wir euch durch Kummer und Leid führen.

Warum nur habt ihr verlernt, auf Zeichen und Wunder zu hören? Ihr habt verlernt, euch zu vertrauen. Ihr habt verlernt, auf eure eigene innere Stimme zu hören. Ihr seid so gefangen in der Außenwelt mit ihren Spielen und Gaukeleien, dass ihr gar nicht merkt, wie eure Seele um Hilfe schreit.
Erst, wenn ihr durch Krankheit oder tiefen Kummer innehaltet, werdet ihr aufmerksam. Oft sagt ihr dann noch: »Wie grausam ist Gott, wie kann er das zulassen?«
Nicht ich, sondern du bist verantwortlich für das, was mit dir geschieht. Erkenne, dass du gerettet wirst, dass du die Chance des Neubeginns bekommst. Nimm sie wahr. Nimm dich wahr. Erkenne, dass alles Leben um dich herum bereit ist, gemeinsam mit dir neu zu beginnen.
Öffne deine Augen und sieh die Wunder dieser Welt. Beginne bei dir, entferne den Panzer, den du um dich gelegt hast. Den Panzer von alten Mustern und Vorstellungen. Lasse sie fallen, übergib sie mir. Ich trage sie in die Weiten des Universums und lasse sie auflösen.
Wenn du dich bemühst, diesen ersten Schritt zu tun, werde ich dir viele Helfer zur Seite stellen, die dich neue Wege führen, du musst nur bereit sein, es zuzulassen.
Ab diesem Tag wirst du frei sein. Du wirst dich neu entdecken und erkennen: Alles ist möglich mit Gottes Hilfe.

ॐ *HABE KEINE ANGST, MEIN KIND, ICH BESCHÜTZE DICH.*
OM SAI RAM

12.12.1995 ~ 3 Uhr

Die Erfahrungen, die ein Mensch in einem Leben sammelt, sind der Schatz, den er tief in sich bewahrt. Nichts, was er einmal erlebt hat, geht verloren, tief in ihm lebt es weiter. Die Erinnerung ist nur dem Geiste verloren, nie aber der Seele. Die Seele ist der Speicher all eures Wissens, und ihr dürft dieses Wissen mitnehmen als euer höchstes Gut.
Der Mensch, der dieses erkennt, wird frei sein von allen Fesseln. Er weiß, dass alles, was ihm geschieht, ihn ein Stück weiterbringt. Er nimmt alles, was ihm begegnet, als Lernaufgabe wahr. Menschen, die euch begegnen, die diesen Punkt in ihrem

Leben erreicht haben, sind alte Seelen. Ihnen zu begegnen ist ein großes Geschenk.
Ich füge es, dass viele alte Seelen sich vereinen.
Dieses ist ein Geschenk, und ihr sollt es erkennen. Manchmal gelingt es erst nach vielen Leben, dass Menschen sich wiedertreffen, doch wenn du einen Menschen triffst, der dir vertraut ist, der dir das Gefühl der Verbundenheit gibt, dann nutze die Chance des Wiedersehens, öffne dein Herz und lasse deine Seele zu ihm sprechen.
Seelenverbindungen sind eine große Gnade. In dieser Zeit meines Erdenlebens mache ich vielen, die mit mir verbunden sind, dieses Geschenk, denn zur Erneuerung brauche ich Menschen, die durch viele Erkenntnisse gegangen sind. Sie erkennen den hohen Wert der Liebe.
Liebe ist das Wertvollste, was ich euch Menschen gab. Liebe ist es auch, was euch mir nahe bringt. Denn diese Kraft in euch ist das Göttliche, was alles verbindet.
Deine Gedanken sind abgelenkt. Ich segne dich, mein Kind.

ॐ *HABE KEINE ANGST, MEIN KIND, ICH BESCHÜTZE DICH.*
OM SAI RAM

13.12.1995 ~ 4.50 Uhr

Die Liebe, die euch Menschen gegeben wurde, ist ein kostbares Gut. Darum ist es eure Aufgabe, sorgsam damit umzugehen.
Immer wieder sage ich euch, es ist die Verbindung zwischen den Menschen, die ihn über alle anderen Wesen auf eurem Planeten erhebt.
Das oberste Gebot ist: Liebe deinen Nächsten wie dich selbst.
Wenn du dies beachtest, wird das Leid auf eurer Erde weniger werden. Ihr werdet erkennen, dass viele Gemeinsamkeiten euch verbinden.
Etwas ganz besonders Wertvolles ist die Liebe zwischen Eltern und Kindern. Sie steht unter meinem besonderen Schutz. Wenn ein Mensch sich gegen diese Liebe versündigt, dann häuft er sich schweres Karma auf, das ihn viele Leben mit der Aufarbeitung beschäftigt.
Darum achtet die Liebe zwischen Eltern und Kindern, beson-

ders die zu noch kleinen, eurer Fürsorge anvertrauten Kindern, mit großer Sorgfalt.
Wer diese Liebe erleben darf, ist mir sehr nahe.
Die Liebe, die euch viel Freude, aber, wenn ihr nicht sorgsam damit umgeht, auch tiefen Kummer bereitet, ist die Liebe zwischen zwei Partnern. Hier geschehen die meisten Verletzungen in eurem Leben. Ihr achtet diese Liebe oft zu gering. Wenn zwei Menschen sich verlieben, entsteht ein starkes Band der Anziehung, oft ist es ein Wiederfinden. Dieses Finden ist das große Wunder, das zwei Menschen passieren kann.
Wie aber geht ihr damit um? Nur wenigen von euch gelingt es noch, diese Verbindung ein ganzes Leben hindurch gemeinsam zu leben. Ihr lauft oft schon nach den ersten Schwierigkeiten auseinander. Ihr seid so von der Lust besessen, dass ihr meint, in immer wieder wechselnden Beziehungen euer Glück zu finden, doch glaubt mir, jeder Wechsel, jede sexuelle Verbindung hinterlässt eine Narbe auf eurer Seele.
Ein Schmerz macht euch aber besonders zu schaffen – der Schmerz, den die Untreue in euch hinterlässt. Er ist oft so tief, dass der Mensch, der ihn durchleidet, einen großen seelischen Schmerz erfährt.
Überlege dir genau, wie du mit der Untreue umgehst. Wenn du glaubst, dich von einem Menschen, den du liebst, entfernen zu müssen, prüfe genau deine Gefühle und bedenke deine Handlungen. Wenn das Vertrauen von deiner Seite zerstört wurde, wundere dich nicht, wenn du plötzlich merkst, die Verletzung, die du deinem Partner zugefügt hast, war so tief, dass er sich von dir entfernt.
Diese Entfernung kann für dich schwerwiegende Folgen haben. Er wendet sich von dir ab, eure Verbindung, die ich sorgsam vorbereitet habe, wird aufgelöst.
Zurück bleiben Kummer und Leid.
Darum achte sorgfältig auf die Gefühle eines Menschen, es könnte sein, dass alles, was du tust, als Bumerang zu dir zurückkommt. Liebe und Achtung voreinander sind das Wichtigste in eurem Leben.

ॐ *HABE KEINE ANGST, MEIN KIND, ICH BESCHÜTZE DICH.*
OM SAI RAM

14.12.1995 ~ 4.30 Uhr

Die Religionen, die es auf der Erde gibt, haben eine besondere Aufgabe. Sie sind der Ausdruck meiner Verbundenheit mit euch Menschen. Jeder Mensch hat das Recht, seinen Gefühlen, seinen Vorstellungen von Gott Ausdruck zu verleihen. Sie entstehen aus der jeweiligen Lebenssituation des Menschen, einer Kultur, einer Nation.
Schon immer war es dem Menschen ein Bedürfnis, der Unfassbarkeit eines Geschehens Ausdruck zu verleihen. Er musste Begebenheiten, die er nicht verstand, die ihn beunruhigten, er musste Wunder, die ihm widerfuhren, Dankbarkeit entgegenbringen. Er tat es, indem er Opfer darbrachte.
Zu allen Zeiten haben die Menschen Ehrfurcht gehabt vor der Unermesslichkeit meiner Schöpfung. Je höher die Entwicklungsstufe einer Kultur, desto größer der Wunsch, die Wunder zu begreifen.
In früheren Zeiten waren die Menschen Gott sehr nahe. Diese Nähe ging im Laufe der Jahrtausende verloren. Es entstanden neue Religionen, es entwickelten sich neue Gedanken. Die Entwicklung, die ihr durchschritten habt, wurde die Messlatte eurer Kulturen.
Ihr Menschen habt euch nicht immer zu eurem Vorteil entwickelt. Nun wirst du fragen: Warum hat Gott das alles zugelassen? Warum hat er nicht eingegriffen? Darauf sage ich dir, mein Eingreifen geschah immer zur rechten Zeit, denn die Einhaltung eures freien Willens ist die höchste Stufe der Entwicklung, die ihr durchleben müsst.
Nur eigene Erkenntnisse bringen euch weiter in eurer Entwicklung. So war es, und so soll es auch bleiben.
Wenn viele Menschen eine bestimmte Entwicklungsstufe erreicht haben, dann wird der Druck so stark, dass es eine Veränderung bewirkt.
Heute am Ende des Yuga-Zeitalters ist diese Entwicklung eingetreten. Ich bin gekommen, um eure Erde in eine neue Form zu geleiten. Es wird eine Zeit des Friedens werden.
Immer, wenn Seelen inkarnieren, die eine hohe Entwicklung abgeschlossen haben, dann geschehen diese Wunder. Ich werde euch zurückbringen zu den Wurzeln eures Seins. Ich werde

diesen Schatz, der seit Urzeiten in euch verborgen liegt, endlich hervorbringen.
Dieser Schatz ist das unermessliche Wunder der Liebe, Wahrheit, Rechtschaffenheit, Gewaltlosigkeit und des Friedens.
Wenn diese Tugenden wieder auf eurer Erde herrschen, dann endlich werdet ihr euch selbst finden.
Ich werde diese Entwicklung für alle Zeit bewahren.

ॐ *HABE KEINE ANGST, MEIN KIND, ICH BESCHÜTZE DICH.*
OM SAI RAM

15.12.1995 ~ 4.50 Uhr

›Höre den Ruf, du Kind der Erde, dein Commander bittet um Einlass. Ich, Euraklion, der Herr von Mora, habe eine Botschaft für dich.
Friede sei mit dir. Ich nehme deine Freude wahr. Du stehst unter unserem besonderen Schutz. Habe keine Angst, alles, was dir begegnet, ist seit langer Zeit für dich vorbereitet. Ich weiß, dass du vieles noch nicht verstehst, aber habe Geduld und lasse dich führen.
Eure Erwartungen, eure Wünsche sind uns vertraut.
Am 23. November 1995 hat eine neue Epoche für eure Erde begonnen. Der Tag war von großer Bedeutung.
Ich vergesse immer, dass eure Wahrnehmung erst eine neue Schwingungsfrequenz erreichen muss, um bestimmte Dinge aufzunehmen.
Ich habe eine große Bitte an dich. Beginne mit der Lichtlinienmeditation, sie stärkt euer Immunsystem. Nur, wenn eure Lichtlinien intakt sind, können wir euch Energie senden, außerdem bewirkt es, dass ihr gedanklich verbunden werdet. Du machst diese Erfahrung doch selbst im Augenblick. Lichtkinder werden diese neue Form der Gedankenverbindung verstärkt wahrnehmen.
Du trittst mit unserer Kontaktaufnahme in eine neue Phase.
Ich habe deine Signale empfangen und freue mich, dass du mit Freude reagierst. Freude ist ein wichtiger Bestandteil eures Lebens. Freude aktiviert Lebensenergie.
Immer, wenn du Traurigkeit oder Ziellosigkeit verspürst, dann

mache eine kleine Lichtmeditation. Schließe die Augen, stelle dir einen Lichtpunkt auf deiner Stirn vor, führe ihn zum Herzen, fühle die Wärme, dann öffne dein Kronenchakra, bitte, dass eine Lichtlinie ins Universum gebildet wird, und sende über die Wirbelsäule das Licht zu uns.
Bitte um Lebensfreude und sprich ein Gebet. Du wirst die Wirkung schon nach wenigen Minuten spüren. Wir empfangen euch. Jedes Lichtkind ist in der Lage, sofort mit dem Stern seines Ursprungs verbunden zu werden.
Versuche es, atme tief und gleichmäßig dabei. Du kannst auch Wünsche und Gedanken mitsenden.
Nehmt euch beim nächsten Heilkreis bei den Händen, verbindet euch gedanklich und bildet eine gemeinsame Lichtlinie. Führt alle Linien an einem Punkt zusammen und sendet sie zu Gott. Es wird eine unendliche Liebesverbindung zwischen euch entstehen.
Du Kind von unserem Stern, ich sende dir Freude.‹

Liebe ist Freude, Freude ist Liebe, wann immer du sie aussendest, wirst du mir nahe sein.

ॐ *Habe keine Angst, mein Kind, ich beschütze dich.*
OM SAI RAM

31.12.1995 ~ 1.15 Uhr

Habe keine Angst, mein Kind, du musst nicht traurig sein. Die Prüfungen, die ich dir sende, haben nur den einen Sinn, dich frei zu machen für alles, was dich in deinem Leben noch erwartet. Ich weiß, dass nur der Weg durch die Tiefen deines Seins dich öffnet für die Anforderungen, die auf dich warten.
Manchmal ist es nötig, Umwege zu machen, um Klarheit zu bekommen. Mache dich frei von den Bindungen, die dich abbringen von dem Weg deines Lebens.
Du hast die Aufgabe übernommen, Mittler zwischen den Welten zu sein. Ich weiß, es ist nicht leicht, und viele Fragen werden deine Begleiter sein. Du wirst Antwort erhalten, du wirst erkennen. Sei unbesorgt, mein Kind, alles wird geordnet werden. Der Mensch, der den Weg nach Innen geht, der den Weg der Liebe beschreitet, ist geborgen in sich.

Meine Aufgabe besteht darin, ihm Begleiter und Weggefährte zu sein. Niemand, wer immer es auch ist, darf den Weg deiner Bestimmung aufhalten. Ich leite und führe dich, ich habe dir ein Versprechen gegeben, ich werde es an dir erfüllen.
Niemand, der unter meinem Schutz lebt, wird verloren gehen. Sei mutig und sei voller Liebe, das ist der Weg, den du gehen darfst. Das Jahr neigt sich dem Ende zu, es war ein Jahr der Prüfungen für dich, du hast sie angenommen und hast mir gezeigt, dass du bereit bist.

ॐ *Ich sende dir Frieden.*
OM SAI RAM

01.01.1996 ~ 4.50 Uhr

Der Tag wird kommen, an dem die Menschheit eine Entscheidung treffen muss. Das kollektive Bewusstsein wird aufgefordert werden, eine Entscheidung zu treffen, und es wird die Stunde der Wahrheit für euch Menschen sein.
Die Vorbereitungen der Umorientierung haben schon vor langer Zeit begonnen. Mit Beginn der Zeitenwende wird die Willensbildung abgeschlossen sein. Jeder Einzelne wird darauf vorbereitet, alle meine Helfer sind mobilisiert. Die Erneuerung geht mit vielen Krankheiten einher. Die Katastrophen auf eurem Planeten werden zunehmen.
Ich will euch aufmerksam machen auf euer Verhalten, auf eure kranke Lebensweise. Schaut euch doch mal auf eurem Planeten um. Überall herrscht Unruhe und Zwietracht. Ganze Völker vernichten sich. Politiker erkennen nur noch ihren Vorteil. Die Achtung vor dem Leben hat einen Tiefpunkt erreicht. Die Brutalität unter euch nimmt immer mehr zu. Jeder folgt nur dem Gesetz des Stärkeren.
Ich sage euch, hört auf damit. Ich aktiviere die Energie auf dieser eurer Erde. Ich schicke die Boten des Himmels, ich unterweise viele von euch in dem neuen Gedankengut der Wahrhaftigkeit und Liebe. Ich sende sie aus und lasse die Pflanze der Liebe wachsen, die Chance, sie aufzunehmen, wird sich vervielfachen.
Jeder, der Träger der neuen Ordnung ist, wird angeschlossen

an das kollektive Bewusstsein. Die Zeit ist angebrochen, und die Erneuerung hat begonnen. Ich will, dass viele Dinge einen neuen Wert erhalten. Lasst nicht nach in dem Bemühen, die Veränderung mitzutragen. Verzweifelt nicht, schließt euch zusammen, betet gemeinsam und gebt euch durch Liebe Kraft und Stärke, ihr fühlt diese Verbundenheit untereinander. Sie soll euch Kraft und Stärke geben.
Verzagt nicht, es wird eine Änderung kommen. Wenn das Kollektivbewusstsein aktiviert ist, werden die Menschen in eine neue Richtung gehen. Es wird eine starke emotionale Auswirkung haben. Die Kraft wird unermesslich sein.
Darum glaubt nicht: Ich bin zu schwach, ich bin ohne Bedeutung. Jeder Einzelne, den ich gerufen habe, ist von unendlicher Bedeutung. Mache dir dies jeden Tag aufs Neue bewusst.
Du allein bist wichtig. Ich brauche jeden, der bereit ist, den neuen Weg zu gehen, den Weg der Liebe.
Keiner, der sich aufmacht, ihn zu gehen, wird verloren sein. Jeder Einzelne steht unter meinem Schutz. Ich, der alle Geschicke lenkt auf eurer Erde, habe die Neuordnung beschlossen. Mein Wille geschehe.

Habe keine Angst, mein Kind, ich beschütze dich.
OM SAI RAM

05.01.1996 ~ 3.30 Uhr

›Höre den Ruf, du Kind der Erde, dein Commander bittet um Einlass. Ich, Euraklion, der Herr von Mora, habe eine Nachricht für dich.
Das Weltengefüge ist in Unordnung geraten, die planetarischen Kräfte sind beunruhigt. Ihr Menschen seid in Gefahr. Der Machtkampf hat begonnen. Ihr müsst unbedingt eure Lichtlinien aktivieren. Nur diese Verbindung wird euch vor größerem Schaden bewahren. Darum hört meine Bitte, konzentriert euch auf euer stärkstes Potential, die Liebe in euch.
Der unauslöschliche, alles überdauernde göttliche Funke in euch. Aktiviert ihn, er bewahrt euch vor der planetarischen Umwandlung. Lichtlinien entstehen durch eure Gedankenkraft. Immerwährende Verbindung zu dem Stern eures Ursprungs

gibt euch Kraft. Aber ihr müsst euren Teil dazu beitragen.
Ihr müsst lernen, in Ruhe und Frieden mit euch zu sein. Ihr müsst die Lichtlinienmeditation zum Bestandteil eures Lebens machen. Immer wieder versuche ich euch dazu aufzufordern.
Ihr hört die Botschaft, aber ihr aktiviert sie nicht, eure stärkste Schutzfunktion.
Nehmt die Chance, die ihr durch meine Botschaft habt, wahr, beginnt mit der Arbeit, ihr werdet die Kraft spüren.
Hilfe kann euch nur durch Aktivieren eurer Lebensenergie widerfahren. Ihr seid doch eine starke Gemeinschaft von Lichtkindern. Ihr habt die Gabe der Lichtlinienverbindung.
Ihr wurdet zusammengeführt, um dieses weiterzugeben. Ihr seid unsere Kontaktpunkte.
Helft mit, euch eine Chance zu geben. Ich habe den Auftrag, Mahner zu sein. Erweist mir die Ehre, euch zu leiten.
Friede sei mit euch und habt einen lichtvollen Tag.‹

Das Licht, das die Welten verbindet, ist euer größter Freund. Es ist Träger allen Lebens und wurde zum Zeichen meiner Liebe. Nutzt die Gabe, die in euch ist.

HABE KEINE ANGST, MEIN KIND, ICH BESCHÜTZE DICH.
OM SAI RAM

07.01.1996 ~ 3.50 Uhr

Die Einweihungsrituale der Menschheit haben einen tiefen Sinn. Sie waren dazu da, Menschen in die Geheimnisse des Lebens, in die Tiefen der Menschwerdung eindringen zu lassen.
Immer war dieses alte Wissen mit Ehrfurcht und Achtung behandelt worden. Nur Menschen, die durch ihre Handlungsweise und ihre vorbildliche Lebensführung für würdig befunden wurden, hatten das Recht dazu, dieses Wissen übermittelt zu bekommen.
Im Laufe der Menschheitsgeschichte wurden viele Dinge so von Mensch zu Mensch und von Generation zu Generation weitergegeben. Viele Völker achteten diese alten, ungeschriebenen Gesetze. Heute ist nun euer Wissensdurst so umfassend, dass euer menschlicher Verstand vieles davon ergründet hat.
Das Wissen wurde allgemeiner, und eine große Zahl von

Menschen hat Zugang. Aber was hat es euch genutzt? Ihr habt keine Achtung mehr vor diesen Dingen.
Ihr spottet über das, was ihr zwar aufnehmt, aber nicht versteht. Die Achtung vor den Tiefen des menschlichen Seins ist verloren gegangen. Nur Menschen mit reinem Herzen, die mit Würde die Dinge aufnehmen, die sie in die Geheimnisse der letzten überlieferten Wahrheiten eindringen lassen, werden auch heute noch ausgewählt.
Ich will euch die Ehrfurcht vor der Schöpfung wieder vermitteln. Meine Aufgabe ist es, diese Menschen auszusuchen, und die Wege, die ich benutze, haben den Sinn, dass der Mensch erkennt: Ich bin ein Diener des Herrn. Ich bin mir meines Seins bewusst. Ich erkenne, Leben ist ein großes Geschenk.
Die Lehren, die ich euch gebe, führen euch hin zu der allumfassenden Wahrheit, die du erfahren darfst. Du bist das Licht, das ich sende, du trägst es in dir. Öffne dich für das Licht in dir, und du wirst erkennen.
Die Liebe zu dir und zu den Menschen ist der Schlüssel dazu, denn Liebe allein ist das Feuer, das euch alle erhält. Darum habt Achtung vor ihr, wenn ihr sie erkennt.
Der Weg, den du gehen sollst, ist der Weg der Liebe.

ॐ *HABE KEINE ANGST, MEIN KIND, ICH BESCHÜTZE DICH.*
OM SAI RAM

09.01.1996 ~ 4.30 Uhr

Die Freiheit der Entscheidung ist ein hohes Gut, sie ist mit sehr viel Verantwortung verbunden. Verantwortung für sich selbst. Nur euch Menschen ist sie auf dieser Erde gegeben.
Entscheidung hat auch immer etwas mit Verantwortung zu tun, dir und anderen gegenüber. Wann immer du in deinem Leben an entscheidende Wendepunkte geführt wirst, hat die Entscheidung einen besonders hohen Wert.
Oft sind es Momente, die dein ganzes Leben verändern.
Ich weiß um all deine Entscheidungspunkte. Ich bin immer bereit, dich zu leiten und zu führen. Wenn du nicht weiterkommst, wenn du in einer schwierigen Lebenssituation bist, wenn von dieser Entscheidung viel abhängt, dann bitte mich

um Hilfe, reiche mir dein Problem dar, gehe in die Stille, und du wirst Antwort und Hilfe gezeigt bekommen.
Dann triff sie in Ruhe und mit Liebe im Herzen, diese deine Entscheidung. Wenn du so deine Entscheidungen triffst, hast du nichts zu bereuen. Du bist in deiner Mitte und bei dir.
Solche Entscheidungen werden erfüllt sein mit Kraft und Stärke, sie werden dich auf neue Wege führen. Behandle deine Entscheidungen, die du so getroffen hast, mit Ehrfurcht, wenn du eines Tages auf sie zurückblickst.
Erkenne ihren Wert, denn sie haben dich an den Punkt geführt, an dem du stehst, und sie haben dir viel von dir gezeigt.
Bereue nicht, sondern was immer auch geschieht, blicke zurück, überdenke die Situation, und dann entscheide dich mit meiner Hilfe neu.

ॐ *HABE KEINE ANGST, MEIN KIND, ICH BESCHÜTZE DICH.*
OM SAI RAM

14.01.1996 ~ 3 Uhr

Es hat keinen Sinn, vor den Problemen deines Lebens davonzulaufen. Halte inne, drehe dich um und schaue sie dir genau an. Sieh sie nicht als deinen Feind an, sondern als deinen Freund. Sie sind in dein Leben gekommen, um dich aufmerksam zu machen, dass irgendetwas nicht in Ordnung ist.
Manchmal sind sie die letzte Möglichkeit, dich vor größerem Schaden zu bewahren.
Der Mensch, der gelernt hat, Schwierigkeiten, die in sein Leben treten, anzunehmen und sich mit den Ursachen auseinanderzusetzen, weiß, dass alles in seinem Leben Zeichen sind. Wenn er bereit ist, die Herausforderungen durchzustehen, wird er an diesen Aufgaben wachsen, sie werden ihm helfen, neue Wege zu gehen.
Glaube mir, ich bin immer an deiner Seite, ich lasse dich niemals alleine.
Ich bin still, wenn du noch nicht bereit bist, mich zu erkennen. Wenn aber dein Herz geöffnet ist, wenn du mich rufst, dann eile ich dir zu Hilfe. Ich bin dein Begleiter, dein Freund in schwierigen Lebenslagen.

Du wirst merken, egal, wie schwierig deine augenblickliche Situation auch ist, mit meiner Hilfe, dem Vertrauen in die Kraft meiner Liebe, wird Frieden in dein Herz einziehen.
Darum warte nicht länger, sondern erkenne: Ich bin die Liebe, ich bin das Licht, das dir den Weg weist.
Ich breite den Mantel der Liebe um dich, auf dass du geborgen und behütet bist alle Zeit.

ॐ *HABE KEINE ANGST, MEIN KIND, ICH BESCHÜTZE DICH.*
OM SAI RAM

15.01.1996 ~ 4.30 Uhr

Die Erinnerung kann aktiviert werden, wenn du lernst, dich in die Stille zu begeben. Die Konzentration auf dich selbst bewirkt, dass altes Wissen in dein Erinnerungsvermögen zurückkehrt. Dieses bedarf aber starker Vertiefung in sich selbst.
Du musst lernen, dich in dich selbst zurückzuziehen. Eine Anfangsübung dazu ist, sich in den Anblick einer brennenden Kerze zu versenken.
Am Anfang genügen zehn Minuten. Diese Übung kannst du steigern, bis du gelernt hast, deine Gedanken fließen zu lassen, ohne ihnen Beachtung zu schenken.
Lerne, nur den Namen Gottes in deinem Kopf vorbeiziehen zu lassen. Folge dem Klang und atme tief ein und aus. Nach einiger Zeit fühlst du, wie du freier und leichter wirst. Es ist, als wenn tiefer Frieden in dich einzieht. Dann bitte um Erinnerung. Du wirst spüren, wie plötzlich aus der Tiefe Begebenheiten und Wissen aufsteigen.
Es ist auch eine gute Übung, um Klarheit über deine Gefühle, über dein Leben zu bekommen. Diese Übung bringt dich mir nahe. Ich habe so die Möglichkeit, dir zu helfen. Versuche es und glaube mir, es wird ein großer Gewinn für dich sein. Zwanzig Minuten am Tag, die dich mir nahe bringen, können doch nicht so ein großes Opfer sein.
Schenke diese Zeit dir und mir.

ॐ *HABE KEINE ANGST, MEIN KIND, ICH BESCHÜTZE DICH.*
OM SAI RAM

19.01.1996 ~ 3.30 Uhr

Die Entwicklungsstufen, die ein Mensch durchläuft, haben nur den einen Sinn, ihn erkennen zu lassen, hier ist der Weg, der Weg deiner Möglichkeiten. Die Erfahrungen, die du auf diesem Weg sammelst, sind die Summe der Dinge, die du bereit bist zu erkennen und zu bearbeiten, um dich wieder zurückzuführen zu deinem Ursprung.
Die Möglichkeiten dorthin sind vielfältig. Du sollst lernen, du sollst erkennen. Aber wie lange du dazu brauchst, was du bereit bist für deine Entwicklung zu tun, hängt von der Lernaufgabe ab, die du dir am Anfang stellst.
Eine Seele ist eingebunden in den Kreislauf der Zeit, sie ist ohne Anfang und Ende, sie ist.
Dann beginnt sie den Kreislauf des Lebens und Sterbens, aber was immer sie erlebt, was immer auch die Anforderungen und Lernaufgaben sind, die Unberührbarkeit, die Verbundenheit mit mir ist das Wissen um Einheit, eins sein mit der Kraft, aus der alles entstand, unwandelbar, unauslöschbar.
Ich bin, der ich bin, von Urbeginn.
Diese Gewissheit ist es, die dich, was immer auch geschieht, letztendlich eintauchen lässt in die Tiefen des Seins.
Die Wege dorthin sind vielfältig, die Lernaufgaben oft mühselig, aber sie führen dich im Kreislauf der Erkenntnisse letztendlich wieder zu mir zurück.
Eins mit mir, eins mit dir.

HABE KEINE ANGST, MEIN KIND, ICH BESCHÜTZE DICH.
OM SAI RAM

20.01.1996 ~ 2.40 Uhr

Herr, dein Wille geschehe, ist die Zauberformel, die dein Leben bestimmen sollte.
Wann immer du in deinem Leben diese einfachen Worte ausgesprochen hast, wenn du deinen Willen meinem untergeordnet hast, bekam dein Leben eine neue Wendung.
Aber wie oft hast du deinen Willen mit meinem verwechselt, denn dein Ego hat dir vorgegaukelt, dass es viel besser ist, selbst zu entscheiden, den Weg deiner Vorstellung zu gehen.

Es gehört sehr viel Demut und Vertrauen dazu, meinem Willen zu folgen, aber glaube mir, der Weg, mit mir durchs Leben zu gehen, ist auf Dauer der einfachere Weg, wenn es für euch Menschen auch manchmal nicht so leicht zu erkennen ist. Ihr seht oft nur den Augenblick, die momentane Situation. Ich aber kenne eure Leben. Ich sehe die Zusammenhänge.
Glaube mir, wenn du dich unter meinen Schutz begibst, wenn du bereit bist, dich meiner Führung anzuvertrauen, dann wird dein Leben die Erfüllung finden, die es möglich macht, in Ruhe und Frieden, in Liebe und im Bewusstsein meiner Allmacht und Gnade zu leben.
Dann wirst du erkennen: Ab diesem Tag, als die Zauberformel mein Leben bestimmte, kam Frieden in mein Herz.
Versuche es doch einmal mit mir.
Ich habe große Geduld, ich werte nicht, ich urteile nicht, ich bin einfach nur an deiner Seite. Immer bereit, da zu sein, wenn du mich rufst. Meine Liebe hat dich erschaffen, meine Liebe hat dich beschützt, meine Liebe hat dich eingehüllt, ich war einfach nur da.
Du aber bist es, der allein entscheidet: Herr, dein Wille geschehe. Ab diesem Tag, ab diesem Moment, an dem du dich meiner Führung anvertraust, wird meine Liebe dich neue Wege, die Wege der Wahrheit, der Gewaltlosigkeit, der Rechtschaffenheit, der Liebe und des inneren Friedens, gehen lassen.
Die Gemeinschaft mit mir ist der Weg zu dir.

ॐ *HABE KEINE ANGST, MEIN KIND, ICH BESCHÜTZE DICH.*
OM SAI RAM

28.01.1996 ~ 3.20 Uhr

Zeit, was ist Zeit? Für euch Menschen ist sie ein wichtiger Bestandteil, für den einen mehr, für den anderen weniger.
Ihr habt sie eingeteilt in Sekunden, Minuten, Stunden, Tage, Wochen, Monate, Jahre, sie bestimmt euren Tagesablauf, sie bestimmt euer Tun, sie bestimmt euer Leben.
Warum messt ihr der Zeit so unendlich viel Bedeutung bei?
Glaube mir, Zeit hat keine Bedeutung, du bist eingebettet in den Zeitenstrom der Unendlichkeit.

Er ist wie ein großer unendlicher Kreislauf ohne Anfang, ohne Ende. Eingebettet zu sein in die Unendlichkeit bedeutet, dass du immer bist. Mache dir das einmal richtig bewusst:
DU BIST IMMER!
Weißt du, was das bedeutet? Egal, was du tust, egal, wie dein Leben verläuft, all dein Leid, dein Kummer, deine Freude, dein Glück sind ohne Bedeutung, denn du darfst alles, was dir begegnet, in dich aufnehmen.
Du bist in diese Zeitenspanne des jetzigen, deines momentanen Lebens eingebunden.
Du wirst sagen: Für mich ist nur das Hier und Heute wichtig. Mein Leben ist jetzt, und all mein Glück, mein Leid sind mir in diesem Moment bewusst. Das ist auch wichtig für dich. Aber dass ich dich auf die Unendlichkeit aufmerksam mache, hat den Grund, dir klar zu machen, dass du zurückkommst zu mir, was immer dir passiert.
Wenn ein Mensch dieses Vertrauen hat, wenn er erkannt hat: Ich bin, der ich bin, dann können die Stürme des Lebens ihn nicht mehr brechen.
Die Geborgenheit, die Gewissheit der Verbundenheit mit mir sollen dir Trost und Hilfe sein. Ich wache über dich, ich behüte und schütze dich.
Glaube mir, was immer dir geschieht, was immer dir begegnet, es dient deiner Entwicklung, deiner Erkenntnis. Lasse dich, was immer in diesem deinen Erdenleben geschieht, nie abbringen von der Gewissheit: Du bist ich, und ich bin du, das unauslöschbare Sein.
Namaste.

HABE KEINE ANGST, MEIN KIND, ICH BESCHÜTZE DICH.
OM SAI RAM

31.01.1996 ~ 3.30 Uhr

Ich bin, der ich bin, seit Anbeginn.
Ich bin das Sein, ich bin das Leben.
Ich bin der Anfang und das Ende.
Ich bin die Kraft, die in allem lebt, auch in dir.
Ich bin die Liebe, die alles verbindet.

Warum sage ich dir dies heute, an diesem Tag? Weil du Trost und Stärkung brauchst.
Wenn ich dies alles bin, was bist dann du? Du bist ein Mensch, geschaffen voller Liebe, als mein Ebenbild.
Dieses Wissen sollte dir eines klar machen: wie wertvoll und wichtig du bist. Lasse dich nicht beirren, lasse dich nicht betrüben, dieses Wissen, dass du etwas ganz Besonderes bist, einmalig und einzigartig, dieses Wissen soll dir heute, an diesem Tag, Kraft und Stärke geben.
Ich weiß um deinen Wert, und darum bist du mir lieb.

ॐ *HABE EINEN SCHÖNEN TAG.*
OM SAI RAM

06.02.1996

Die Zeit heilt alle Wunden, die Zeit löscht alles Leid. Wenn ihr das doch nur begreifen würdet, aber für euch Menschen ist die Zeit der größte Feind.
Ständig seid ihr damit beschäftigt, gegen sie anzukämpfen.
Es ist ein Kampf, den ihr niemals gewinnen könnt. Hört auf damit und erkennt, dass ihr in der Unendlichkeit der Zeit lediglich seid, was ein Sandkorn in der Wüste ist. Macht euch die Zeit zum Freund, und ihr werdet die Wohltat spüren, die sie auch sein kann.
Der wichtigste Teil dieser Freundschaft ist Geduld und Demut.
Beides ist vielen von euch kein Begleiter. Ich sage aber immer wieder, übe dich in Geduld und lerne die Demut. Geduld zu haben, ist in eurer hektischen Zeit eine Tugend, die ihr unbedingt lernen solltet. Wer dieses gelernt hat, dem wird auch die Zeit zum Freund.
Viele Situationen in deinem Leben wären anders verlaufen, wenn du etwas mehr Geduld gehabt hättest.
Aber verzweifele nicht, beginne noch heute damit, dich in dieser Tugend zu üben.
Benutze jede Gelegenheit dazu. Wenn du wieder einmal besonders hektisch bist, wenn dich diese Ungeduld befällt, dann versuche es doch einfach mit einem Gebet, mit einem Gedanken an mich.

Benutze jede Gelegenheit, um Ruhe in dich aufzunehmen.
Sei dankbar, dass du erkennen darfst: Ich werde geleitet und geführt, wenn ich bereit dazu bin.
Ich betrachte alles, was mir passiert, als Chance des Erkennens.
Siehst du, von der Geduld zur Demut ist es nur ein kleiner Schritt. Die Demut hat in eurem Kulturkreis einen schlechten Beigeschmack. Ihr verwechselt Demut mit Unterlegenheit.
Ihr wollt euch nicht mehr beugen.
Aber was gibt es Wertvolleres für einen Menschen, als voller Demut seine Knie zu beugen und dem Herrn zu danken.
Versuche es doch einfach einmal, wenn du wieder in einer Kirche bist, benutze die Gelegenheit, vor meinem Bild dich zu bedanken.
Du wirst spüren, Demut kann etwas sehr Hilfreiches sein.
Sie bringt Frieden in dein Herz, und das ist es, warum ich gekommen bin, dir Frieden zu bringen.

ॐ *Habe keine Angst, mein Kind, ich beschütze dich.*
OM SAI RAM

07.02.1996

Ich bin die Liebe und das Licht, du bist es auch. Geschaffen aus dem Wunsch, dich auszusenden, um dieses Licht strahlen und diese Liebe fließen zu lassen, unaufhörlich, immerdar.
Das Wissen um diese Kraft soll dir Mut und Stärke geben.
Was immer auch in deinem Leben geschieht, was immer du erleben darfst, denke stets daran, Liebe und Licht sind ein Zeichen der Verbundenheit mit mir.
Wann immer du möchtest, kannst du dich mit mir verbinden.
Wenn du dich einlässt auf mich, werde ich dir Hilfe senden.
Dieses, mein Kind, ist ein Versprechen, das dich verbindet mit der Kraft, aus der alles Leben entsteht.
Immer wieder mache ich dich aufmerksam auf die Verbundenheit, auf das göttliche Licht in dir. Nimm es an und erkenne, was immer auch geschieht: Der Vater und ich sind eins.

ॐ *Habe keine Angst, mein Kind, ich beschütze dich.*
OM SAI RAM

10.02.1996

Von Alpha bis Omega, von A bis Z, vom Anfang bis zum Ende. Alle Begriffe hatten schon immer den Sinn, dir deinen Lebensrhythmus zu zeigen. Er beginnt mit deinem ersten Schrei und endet mit dem letzten Atemzug. So einfach wurde dir dein Leben beschrieben. Für viele beginnt alles mit der Geburt und endet mit dem Tod.

Glaubst du wirklich, das sei der Sinn meiner Schöpfung? Etwas so Wertvolles wie dich nur diese kurze Zeitspanne bestehen zu lassen? All das Wunderbare, das du bist, mit all deinen Erlebnissen, deinen Erfahrungen, deinem Wissen, deinen Gefühlen, deinem ganzen Sein. Nur geschaffen für diese kurze Zeit?

O du Menschenkind, geschaffen nach meinem Ebenbild, glaube mir, nichts ist mir wertvoller als du.

Du hast etwas mitbekommen, was niemals vergeht, was ohne Anfang und Ende ist: die Seele, der göttliche Funke in dir, gespeichert voller Entwicklungen, voller Liebe, voll mit allem, was du je aufgenommen hast in dich, bereit, immer wieder einzutauchen in den Kreislauf des Lebens, um zu deiner Vollendung zu gelangen. Nicht, um zu vergehen, sondern um aufzusteigen in die Umformung des Seins. Eingebunden in die Transformation des Lebens.

Jeder Tag ist ein Schritt dahin, ob du ihn langsam gehst, ob du im Schnelldurchlauf dorthin kommst, ich achte jede Art, auf die du dich deiner Vervollkommnung näherst.

Du allein triffst die Entscheidungen dazu, jeden Tag. Jeder Mensch kommt letztendlich dort an, wo die Einheit mit mir wieder besteht.

Deshalb, weil in mir dieses Wissen ist, kann ich dich lassen in deinem Tun. Dein freier Wille entscheidet, wie lange du dazu brauchst, in die Geborgenheit meiner Liebe zurückzukehren. Wenn du all deine Erfahrungen und Lernaufgaben begriffen hast, wenn du zu deiner wirklich letzten Erdenreise angetreten bist, dann empfangen dich Liebe und dauernde Glückseligkeit, dann bist du frei und ohne Anfang und Ende.

Eins mit mir, eins mit dir.

ॐ *Habe keine Angst, mein Kind, ich beschütze dich.*
OM SAI RAM

12.02.1996

Die Welt, die dich umgibt, ist die Welt, die du dir vorstellst. Die Realitäten, die du empfindest, sind die, die du dir geschaffen hast mit deinen Gedanken und Gefühlen, deinen Empfindungen.
Aber glaubst du denn wirklich, dass dies nicht veränderbar ist? Alles, was dich umgibt, ist veränderbar, wenn du es willst. So einfach ist die Realität.
Durch Gedankenkraft kannst du dein Leben verändern. Du kannst aus einem traurigen Tag einen Tag der Freude machen, wenn du lernst, deine Gedanken zu verändern.
Du denkst, was du bist, wenn du die positive Lebenskraft in dir wachsen lässt. Glaube mir, du bist mit nichts anderem geboren worden.
Wenn es dir gelingt, diese Kraft in dir zu entfalten, dann werden die Lebensströme in dir zu fließen beginnen, und du veränderst dein Leben.
Glaube an dich, und glaube an mich. Das Erkennen, dass alles veränderbar ist, wenn du nur daran glaubst, ist die wichtigste Formel, die du lernen kannst.
Du allein bist es, der entscheidet: Ich bin ein glücklicher Mensch, und glaube mir, Glücklichsein ist das Wichtigste, was du als Mensch lernen kannst, denn Glücklichsein beinhaltet alles, was du brauchst, ist alles, wofür es sich lohnt, ein Mensch zu sein.
Glück bedeutet, mir nahe zu sein, Glück bedeutet, dass du die Stufe der Zufriedenheit erreicht hast, und Zufriedenheit macht dich frei von allen Bindungen. Dieses ist es, was dich mir nahe bringt.
Aber der Weg zu mir ist immer auch der Weg zu dir. Gemeinsam verbunden durch Liebe und die Glückseligkeit, die du erreichst, wenn du deine Gedankenkraft veränderst, wenn du bereit bist, dich mir anzuvertrauen, wenn du dich führen lässt von der Kraft, die in dir ist.
Habe den Mut und lasse dich ein auf das Wunderbarste in deinem Leben: die Liebe.

ॐ *HABE KEINE ANGST, MEIN KIND, ICH BESCHÜTZE DICH.*
OM SAI RAM

17.02.1996 ~ 4.50 Uhr

Vater unser, der du bist im Himmel, geheiligt werde dein Name. Diese Worte haben eine tiefe Bedeutung, ausgesprochen voller Demut und Liebe. Wenn Worte gemeinsam von vielen, verbunden mit tiefen Gefühlen und in dem Glauben an mich ausgesprochen werden, dann beginnt sich eine besondere Schwingung aufzubauen.
Das Gleiche geschieht mit anderen Gebeten und Mantren.
Das Gayatri Mantra hat die gleiche Bedeutung, diese Schwingung vertausendfacht sich im Universum. Es ist eine Kette von Gefühlen und Bitten, die sich verbindet und aufsteigt.
Wo immer göttliche Energie beginnt sich zu vervielfältigen, entsteht ein starker Schutz.
Glaube nicht, dass diese Gebete einfach verhallen, auch neue Formen des alten Gebetes haben diese Wirkung. Mein Name, ausgesprochen mit Liebe und in dem Verlangen, mir nahe zu sein, wird immer bewirken, dass ich dir nahe bin.
Die Gemeinsamkeit mit mir wird dir Frieden schenken.
Wenn du betest: Dein Wille geschieht, wenn du dich unter meine Führung stellst, dann wird dein Leben eine neue Wendung bekommen. Wenn du bereit bist, werde ich dir neue Wege ebnen. Nur dein Vertrauen allein ist nötig, um dich zu leiten und zu führen.
Achte auf Zeichen und habe den Mut zu vertrauen. Die Gemeinsamkeit mit mir wird dich auf Dauer von allem Schmerz, von allem Leid befreien. Sie wird dich eintauchen lassen in den Strom meiner göttlichen Liebe und Gnade.
Dieses Gefühl der Geborgenheit wird dich niemals mehr verlassen. Das ist der Moment, den man Glückseligkeit nennt.

Habe keine Angst, mein Kind, ich beschütze dich.
OM SAI RAM

21.02.1996 ~ 4.10 Uhr

Hilf dir selbst, dann hilft dir Gott.
Diese Worte findest du ungerecht? Du fühlst dich alleine gelassen und vergessen? Aber das Gegenteil ist es, was diese Worte dir sagen wollen. Hilfe kann immer nur aus dir selbst kommen,

nur durch eigene Erkenntnisse, geboren aus dem Wunsch, etwas zu verändern.
Erkenne: Hier in diesem meinem Lebensabschnitt bin ich an einem Punkt angelangt, an dem ich nicht weiterkomme. Immer wieder zeigen mir Situationen an, dass etwas nicht richtig ist. Siehst du, schon dies ist Hilfe.
Doch du selbst musst erkennen. Du musst Veränderung wollen. Wenn du innerlich zur Veränderung bereit bist, wenn ich spüre, nun ist der Zeitpunkt gekommen, wenn du voller Demut bittest: Herr, ich kann nicht weiter, bitte hilf mir in dieser schwierigen Lage zu erkennen.
Glaube mir, wenn ich Aufrichtigkeit und Wahrheit in deiner Bitte spüre, dann wirst du Hilfe bekommen, denn niemals habe ich dein Flehen vergessen.
Meine Liebe manifestiert sich in dir und lässt dich neue Wege gehen. Wege der Selbsterkenntnis, Wege, die dir helfen werden, neu zu beginnen. Behütet und beschützt von mir.
Die Kraft meiner Liebe und Gnade wird dir helfen, einen Weg aus der Verzweiflung zu finden. Den Weg deiner Bestimmung, den Weg zu dir, denn dies allein ist gemeint.
Hilf dir selbst, dann hilft dir Gott.

ॐ *Habe keine Angst, mein Kind, ich beschütze dich.*
OM SAI RAM

26.02.1996

Beginne dein Leben der Liebe zu öffnen. Liebe wird dein Leben verändern, wenn du bereit bist, diese starke Kraft in dir fließen zu lassen.
Du wirst mir entgegnen: »Aber ich liebe doch!« Natürlich hast du Liebe schon erfahren, aber diese Liebe ist nur wie das Funkeln eines Sterns am Himmel.
Schau dir die Vielzahl der Sterne an. Die Liebe, die Unendlichkeit ihrer Kraft soll in dir erstrahlen, wenn du bereit bist, dich einzulassen auf das Wunder, das da heißt: ICH.
Die Zauberformel der Liebe beginnt bei dir selbst. Das große Hindernis zu lieben bist du selbst. Wer sich nicht selbst liebt mit all seinem Sein, wird niemals die Liebe in ihrer starken

Kraft erkennen. Darum erkenne dich mit all deinen Fehlern und Schwächen. Betrachte dich als das Wunder, das du bist. Nimm dich an mit all deinem Sein. Erkenne, dass du immer wieder die Chance bekommst, dich zu verändern. Jede Sekunde, jede Minute, wann immer du willst.
Beachte mein Lehren, versuche ein Leben in Freude und Liebe zu leben. Versuche als Erstes das Werten abzulegen, auch gegen dich selbst. Nicht Werten, sondern Erkennen ist die Zauberformel der Liebe. Erkenne, und dann verändere.
Gehe sorgsam mit dir um, voller Liebe, und nach und nach wird sie dich erfüllen und dein Leben durchdringen. Dehne sie aus zu deinem Partner, deinen Kindern, deinen Nachbarn, deinen Freunden und so weiter.
Sie durchdringt dein Leben, und glaube mir, wer aufhört zu werten und beginnt zu erkennen, bei dem werden sich Verständnis und Liebe ausbreiten.
Wenn du bereit bist, mir auf diesem Wege zu folgen, dann wird dein Leben voller Glück und Frieden sein, denn Glück und Frieden sollen dich erfüllen auf dem Weg durchs Leben.
Der Weg dorthin ist der Weg zu dir. Du musst bereit sein, ihn zu gehen. Denn der Weg zu dir ist auch immer der Weg zu mir. Hörst du die Stimme in dir, die dir jeden Tag zuruft: ICH-DU? Der Atem, der dich durchdringt, sagt dir jede Sekunde deines Lebens, wo du hingehörst.

HABE KEINE ANGST, MEIN KIND, ICH BESCHÜTZE DICH.
OM SAI RAM

28.02.1996 ~ 3.15 Uhr

Was immer auch in deinem Leben geschieht, was immer du erleben magst, achte auf eines und nimm es sehr wichtig: die Treue zu dir selbst, verleugne sie niemals. Die Achtung, die du dir entgegenbringst, ist entscheidend für all dein Handeln. Selbstachtung ist ein hohes Gut.
Wenn du in deinem Leben in Situationen kommst, in denen es dir schwer fällt, eine Entscheidung zu treffen, in denen Verlockungen versuchen dich einzufangen, in denen Angebote dir einflößen, dass große Begebenheiten dich erfüllen werden,

in denen Maya dir die wunderbarsten Verheißungen macht, halte inne und prüfe.
Verleugne nie deine Ansichten, nur um zu gefallen, verleugne nie deinen eigenen Wert, um jemandem zu gefallen. Wann immer in deinem Leben Situationen entstehen, die versuchen dich zu erniedrigen, denke stets daran: In dir ist eine Kraft, die dich vor allem bewahrt, wenn du sie nur aktivierst. Wenn du ihr vertraust, wenn du dich von ihr führen lässt.
Diese Kraft lässt dich niemals, hörst du, niemals alleine, wenn du bereit bist, ihr zu vertrauen.
Vertraue dem göttlichen Funken in dir. Er wird dich immer beschützen und bewahren, wenn du ihn anrufst. Er wacht über dich alle Zeit. Er ist die Verbindung, die dich anschließt an die kosmische Verbundenheit, er ist die direkte Verbindung zu mir. Deshalb achte dich, und du achtest mich.
Hörst du, niemals blieb dein Bitten ungehört. Nur ist meine Antwort oft nicht die, die du erwartest, denn ich kenne dein Leben und weiß um dich.
Ich füge alles so, dass es das Beste für dich bringt, auch wenn du es manchmal nicht verstehst. Doch was immer geschieht, meine Liebe begleitet dich.
Darum ist es wichtig, dass du mir vertraust, dass du lernst zu erkennen: Liebe und Vertrauen und sich treu bleiben sind die Grundpfeiler deines Lebens.
Achte sie, und du wirst erfahren, dass nichts dir etwas anhaben kann, denn du bist in meiner Obhut, was immer dir geschieht.

ॐ *HABE KEINE ANGST, MEIN KIND, ICH BESCHÜTZE DICH.*
OM SAI RAM

02.03.1996 ~ 2 Uhr

Besinne dich auf das Wichtigste in deinem Leben, deine Beziehung zu Gott. Alles, was du bist, alles, was du willst, verdankst du dieser Verbindung.
Aber du willst es nicht wahrhaben. Darum versuchst du immer wieder, dir andere Werte zu suchen. Du läufst herum und suchst dir andere Vorbilder, um dein Glück zu finden.
Du suchst und suchst und erkennst nicht, dass das Wichtigste

zu deinem Glück ganz nahe bei dir ist. Es ist in dir, verbunden mit dir selbst, du brauchst es nur zu entdecken, du brauchst es nur zuzulassen. Es drängt sich nicht auf, es läuft dir nicht hinterher. Ja, manchmal macht es sich leise bemerkbar. Es ist wie ein leiser Mahner, der dir immer wieder zuruft: Ich bin doch hier! Doch allzu oft merkst du nicht einmal, dass es mich gibt. Du läufst und suchst, du weißt, es gibt etwas, mit dem du Verbindung aufnehmen willst, dieses Wissen ist ganz tief in dir, es erinnert sich, aber du hast es vergessen.
Dann plötzlich geschieht etwas in deinem Leben, etwas, was du nicht verstehst, was dich aufrüttelt, und du fängst an zu suchen, und dann, wenn du bereit bist, wenn ich spüre, du gehst wahrhaftig auf die Suche nach dir und mir, da auf einmal findest du Zugang zu dem Wunder, das du selber bist.
Du findest die starke Kraft, die dich niemals verlassen hat, du findest den Glauben und das große Wunder, das da heißt GOTT. Du findest die Geborgenheit, in der du ruhst seit Anbeginn. Wenn diese Gewissheit in dich einzieht, wirst du Ruhe und Frieden finden.
Der Frieden, der dich einhüllt, wird deinem Leben einen neuen Sinn geben, er wird dich erkennen lassen: Was immer auch geschieht, ich bin beschützt und geleitet, ich bin frei.
Der Mensch, der diese innere Freiheit erkennt, der weiß um die unendliche Liebe Gottes, der hat Frieden gefunden.
Ob ich auch wandere im finsteren Tal, fürchte ich kein Unglück, denn du bist bei mir, dein Stecken und Stab trösten mich.
Wieder und wieder wurden diese Worte ausgesprochen, oft hast du sie vernommen und nie erkannt. Doch niemand, der den Weg zu mir findet, wird jemals ohne Trost bleiben.
Denn ich bin bei dir alle Zeit.

ॐ *Habe keine Angst, mein Kind, ich beschütze dich.*
OM SAI RAM

04.03.1996

›Höre den Ruf, du Kind der Erde, dein Commander bittet um Einlass. Ich, Euraklion, der Herr von Mora, habe eine Botschaft für dich.

Die Verbundenheit zu dir ist sehr groß, wir spüren deine Unruhe, die Entscheidungen, die du triffst, werden von uns empfangen. Sorge dich nicht. Dein Kummer, deine Sorgen werden sich auflösen. Die äußerlichen Dinge werden an Bedeutung verlieren. Vertraue dich den kosmischen Kräften an, und du wirst geführt. Manchmal erwarten dich Situationen, die dein inneres Gleichgewicht testen.
Die Wanderungen der Gestirne sind auch oft verantwortlich für Situationen und Spannungen. Je mehr du verbunden bist mit uns, je mehr nimmst du diese Dinge wahr.
Innere Unruhe hat fast immer mit der Konstellation deiner Sterne zu tun. Ihr Menschen nehmt nicht gerne diese Bedeutung wahr, ihr leugnet oft ihren Einfluss. Bedenke aber, je enger ein Mensch verbunden ist mit der kosmischen Energie, desto größer ist ihr Einfluss.
Du kannst es nicht einordnen, sondern empfindest nur Unruhe. Aber beobachte dich einmal ganz genau, und du wirst erkennen, wie groß deine Verbundenheit ist, wenn dich Trübsal und Unruhe befallen, wenn du dir nicht erklären kannst, warum du schlapp, unlustig und müde bist, dann ändere deine Denkweise, erkenne, dass eine Veränderung signalisiert wird.
Öffne dich für Botschaften und lasse dich führen. Mache die Atemübungen und benutze die Lichtlinien. Glaube mir, du bekommst Hilfe. Die Lichtlinien können mit Informationen an uns belegt werden. Ich weiß, es ist alles noch neu und unklar für dich, aber ich kann nur immer wieder meine Hilfe für dich und alle Lichtkinder anbieten.
Ihr solltet auch Vertrauen zu eurer Urquelle haben. Wenn ein Mensch nicht erkennen will, welch große Energie ihn leitet, dann sind selbst die kosmischen Beschützer machtlos. Denn du bist der Mensch, der bereit sein muss, sich zu öffnen und die Hilfe zuzulassen.
Du hast heute sofort reagiert mit großer Freude, ich danke dir. Die Verbindung ist immer vorhanden, du allein bestimmst, wann du sie aktivieren willst.
Die Menschen, die du nicht verstehst, die aber mit dir verbunden werden, um Kontakt zu bekommen, übe Nachsicht und habe Geduld mit ihnen.
Die Wege der Neuordnung sind manchmal nicht klar zu erken-

nen, aber glaube mir, sie ist wichtig für euch Menschen, und sie hat begonnen.
Du bist ein Teil dieser kosmischen Umwandlung. Diese Geschehnisse beginnen langsam eure Erde zu verändern.
Die Zeitqualität eures Erdenbewusstseins ist eine andere als im Universum. Die Zeitschranke ist noch nicht durchbrochen.
Ihr lebt in der Erdanziehung und habt einen starken Schutz.
Nur wenigen ist es gestattet, die Dimension zu verlassen und die Schranke aufzulösen.
Die Gemeinschaft mit anderen Lichtkindern wird eine Veränderung bewirken.
Glaube an deine Verbindung und vertraue mir. Der Auftrag ist klar, Herstellen und Aktivieren der Lichtbahnen.
Du hast starke Helfer um dich, höre auf die Stimme in der Nacht, sie leitet dich, sie ist die größte Energieform, die ihr Menschen aufnehmen könnt, sie ist euer Beschützer, sie ist das Licht, dem alles unterworfen ist, Himmel und Erde.
Vergiss niemals, du bist angeschlossen, du bist beschützt.
Ich wünsche dir einen lichtvollen Tag.‹

Die Verbundenheit mit deinem göttlichen Funken soll dir immer bewusst sein. Du schöpfst die Kraft aus ihm, du bist eingebunden in den Kreislauf, du darfst sie erkennen und nutzen. Sei dir bewusst, dass du ein Teil von mir bist.
Im Kreislauf des Lebens hat nur dies eine Bedeutung, ob du Vertrauen hast in mich, dann wird alles geführt werden und neu geordnet.

ॐ *HABE KEINE ANGST, MEIN KIND, ICH BESCHÜTZE DICH.*
OM SAI RAM

06.03.1996 ~ 3.30 Uhr

Dein Wille geschehe, wie im Himmel so auch auf Erden.
Diese Worte ausgesprochen haben eine große Bedeutung, denn mein Wille kann alles verändern.
Kein Staubkorn auf eurem Planeten bewegt sich, wenn ich es nicht will. Kein Stern erscheint am Himmel, ohne dass es durch mich geschieht. Alles wird durch die Kraft meines Wollens ausgelöst, alles entstand durch Willenskraft.

Siehst du, was Wollen entstehen lassen kann? Obwohl ich dies alles vermag, obwohl ich durch die Kraft meines Wollens alles verändern kann, lasse ich doch dir deinen freien Willen.
Siehst du, wie sehr ich dich achte? Der freie Wille eines jeden Menschen ist das höchste Gut, das er mitbekommen hat. Aber wie nutzt ihr ihn?
Manchmal missbraucht ihr ihn sehr, und wenn etwas nicht so passiert, wie ihr es euch gedacht habt, wenn die Konsequenzen eures Handelns anders ausfallen, als ihr geplant habt, dann gebt ihr Gott die Schuld. Warum konnte Gott dies zulassen? Ihr übernehmt nicht einmal die Verantwortung für euer Tun. Findest du das gerecht?
Ihr führt oft große Worte im Mund, prahlt mit Taten und Worten, begeht einen Fehler nach dem anderen und sagt dann: Oh, ich bin unschuldig, ich wollte doch nur das Beste.
Wenn es gut für dich ist, aber schlecht für deinen Nächsten, wenn es gut für viele ist, aber schmerzhaft für nur einen Einzelnen. Siehst du, da fängt schon die Entscheidung an, das Erkennen. Euer Handeln, euer Fühlen ist begrenzt, eingeengt von eurem Ego, von eurer Sicht der Dinge. Selbst im Kleinen verliert ihr manchmal den Überblick.
Meine Sichtweise dagegen ist allumfassend. Ich achte die Geschehnisse der Zeit. Ich achte auf jedes kleine Staubkorn, und ich achte besonders auf dich.
Glaube mir, im Zeitengefüge hat jeder seinen Platz, und wenn du bereit bist, dich einzufügen, wenn du mich aufforderst, Herr, dein Wille geschehe, dann beginne ich dein Leben zu ordnen. Es wird am Anfang nicht leicht für dich sein, denn ich muss ja die Dinge deines Willens nach meinem Willen neu ordnen, und dies kann sehr schmerzhaft für dich sein.
Du hast vieles in Unordnung gebracht, aber wenn du eingefügt bist, wenn du den Platz einnimmst, der deiner Bestimmung entspricht, wenn du bereit dazu bist, dann wirst du spüren, wie dein Leben sich verändert, wie mühelos deine Wege der göttlichen Ordnung sind.
Der Weg zu deiner Erkenntnis braucht eben manchmal etwas Zeit, aber glaube mir, wir beide haben alle Zeit der Welt, du und ich wissen darum. Ich weiß es immer, du weißt es tief in dir.

Darum warte ich auf dich bis zu dem Tag, an dem du sagst: Herr, dein Wille geschehe.

ॐ *HABE KEINE ANGST, MEIN KIND, ICH BESCHÜTZE DICH. OM SAI RAM*

10.03.1996 ~ 4.20 Uhr

Bewusstsein ist euer höchstes Gut. Nur der Mensch allein hat die Fähigkeit des bewussten Denkens, er hat die Möglichkeit, sein Handeln zu überdenken, er hat die Möglichkeit der bewussten Erinnerung. Nur du allein kannst die Folgen deines Handelns erkennen.

Ich gab dir diese Fähigkeit, um dich herauszuheben über alle Kreatur.

Die Fähigkeit des bewussten Handelns bringt aber auch viel Verantwortung mit sich. Die Abschätzung eurer Taten, das Erkennen der Macht eures Tuns ist mit großer Verantwortung verbunden. Ich gab euch die Fähigkeit des bewussten Handelns, um euch erkennen zu lassen.

Doch der Mensch allein trägt die Konsequenz für sein Tun. Darum, was immer du tust, denke stets daran: Ich bin verantwortlich für das, was ich tue, und je bewusster du eine Handlung vollziehst, je mehr du eine Situation erkennst, desto größer ist auch das, was du auf deinem Karmakonto entstehen lässt. Du allein entscheidest darüber.

Ich sage immer wieder, lebe ein Leben in Wahrheit, Frieden, Rechtschaffenheit, Liebe und Gewaltlosigkeit, lebe meine Lehren, erkenne den Wert deines Lebens. Niemand sonst hat die Fähigkeit dazu.

Du hast die Chance der Erkenntnis, du hast die Gnade der bewussten Veränderung, darum nutze sie und beginne noch heute damit, bewusster und freier zu leben, frei von Anhaftungen an Unwichtiges, dich Belastendes.

Der Weg aus deinem inneren Gefängnis, das du dir selbst errichtet hast, ist der Weg der Liebe. Dieser Weg macht dich frei und glücklich. Es ist nicht die Liebe, die dich einengt, sondern es sind deine Bindungen.

Die allumfassende Liebe, die ich meine, ist voller Hingabe und

frei von Wollen. Sie ist einfach da, ohne Forderungen, gespeist aus dem tiefen Bewusstsein: Ich kann sie verströmen, ich kann sie empfangen. Ich bin wie ein großer, tiefer Strom, verbunden mit der Quelle, die mich erneuert, die niemals versiegt.
Ich bin verbunden mit dem Schöpfer allen Seins. Ich bin, der ich bin von Anbeginn der Zeit. Immer wieder eingebunden in den Kreislauf des Lebens, um mich zu verbinden, um mich zu erneuern, um zu erkennen, um mich danach wieder zu verbinden mit der Quelle.
Sei dir dessen immer bewusst, was auch immer geschieht, du darfst heimkommen zu mir, du darfst dir der Liebe, meiner Liebe, immer bewusst sein.
Dieses Geschenk habe ich dir gemacht an dem Tag, als ich dich erschuf als unvergessliches Sein. Darum nutze das Leben und sei dir deines Tuns bewusst.

ॐ *Habe keine Angst, mein Kind, ich beschütze dich.*
OM SAI RAM

13.03.1996 ~ 3.50 Uhr

Berühre dein Herz mit der Liebe, und du wirst frei sein. Dieses Gefühl der Freiheit wird dich erfüllen und herausholen aus den Tiefen der Einsamkeit.
Die Liebe, die ich meine, hat nichts mit Besitzen, hat nichts mit Macht und Begierde zu tun. Die Liebe, die dich frei und glücklich macht, ist das Gefühl der Verbundenheit mit mir, ist wie der Hauch eines Sommerwindes. Er trifft dich, und du fühlst ein sanftes Streicheln, das dich einhüllt.
Wenn ein Mensch die Liebe in sein Herz lässt, ist kein Raum mehr für negative Gefühle, für Verzweiflung, Hass und Missgunst. Liebe ist verzeihen, verstehen, den anderen annehmen mit all seinen Schwächen und all seinen Empfindungen. Es ist ein stetiges Gefühl der Verbundenheit, das dich erfahren lässt, ich bin nicht alleine, ich werde geliebt, und ich liebe.
Es gibt viele Arten der Liebe, sie ist so vielfältig, wie es Menschen gibt. Ihr gebt ihr viele Namen, doch die Liebe, die über allem steht, ist die Liebe, die euch mit mir verbindet. Wenn du bereit bist, sie zu erkennen, wenn du ihr Strahlen aufnehmen

kannst in dich, dann wird sich dein Leben wahrlich verändern. Meine Liebe ist frei von allem, sie ist einfach da für dich, unablässig, ewiglich. Sie strömt unaufhaltsam, du brauchst es nur zuzulassen, und sie erreicht auch dich.
Eingebunden in den Kreislauf meiner Liebe wirst du Dinge erkennen, wirst du dein Leben verändern.
Ich werde dir immer Situationen zeigen, die dir helfen werden zu erkennen, meine Liebe wird dir auch die Kraft geben, sie aufzulösen oder zu verändern.
Wer sich unter den Schutz meiner Liebe stellt, wird eine andere Sichtweise des Lebens bekommen. Vieles wird verändert werden, neu geordnet. Nicht immer wird der Weg zu mir leicht für dich sein, aber glaube mir, es ist der einzige, der dich befreit von den Fesseln, die dich binden, die dich unfrei machen.
Erkenne deinen Weg, erkenne deine Bestimmung, erkenne dich.
Meine Liebe, die dich leitet, zeigt dir den Weg dorthin.
Ich bin die Liebe, ich bin das Licht. Ich bin der Anfang und das Ende. Ich bin, der ich bin. Der immerwährende Funke in dir, unauslöschbar, immerdar.

HABE KEINE ANGST, MEIN KIND, ICH BESCHÜTZE DICH.
OM SAI RAM

19.03.1996 ~ 5.10 Uhr

Wenn du den Weg gefunden hast, den Weg zu mir, wenn du bereit bist, meine Lehren zu achten, wenn du dich bemühst, den Weg der Rechtschaffenheit, der Wahrheit, der Liebe, des Friedens und der Gewaltlosigkeit zu gehen, wenn ich erkenne, du willst Veränderung, dann werde ich dir Wege zeigen, die dich erkennen lassen: Der Vater und ich sind eins.
Immer wieder habe ich dich gerufen, immer wieder habe ich dein Leben geordnet. Nun endlich darfst du erkennen, wie sorgsam ich mit dir umgehe.
Du darfst Vertrauen haben in die Allmacht meiner Liebe. Dieses Vertrauen ist es, was dich ruhig und zufrieden macht, wenn du den Weg zu mir gefunden hast. Denn niemals mehr in deinem Leben wirst du alleine sein, du wirst in der Gewissheit unserer Verbundenheit leben.

Versuche es einmal: Wenn du traurig bist, setze dich an einen ruhigen Ort, sprich ein Gebet, und dann halte inne und lausche. Glaube mir, du wirst mich spüren, du wirst eine Antwort bekommen. Du wirst die Liebe spüren, und du wirst getröstet werden. Wenn ein Mensch meinen Trost will, wird er ihn bekommen, wann immer er bereit dazu ist.
Im Auf und Ab des Lebens ist nur beständig und immer für dich da meine Liebe, sei dir dessen stets bewusst.
Nimm dein Leben als großes Geschenk, und sei glücklich und voller Freude, wenn du erkennst, wie wunderbar es ist, angeschlossen zu sein an die Liebe.

Habe keine Angst, mein Kind, ich beschütze dich.
OM SAI RAM

25.03.1996 ~ 3.30 Uhr

Der Mensch, der begreift, der die Veränderung spürt, hat nur eine Aufgabe, zu erkennen: Ich muss mich verändern, ich muss mein Leben in eine neue Ordnung bringen, Aufmerksamkeit auf die wichtigen Dinge meines Lebens richten. Dazu gehören die Beziehungen zu anderen Menschen, dazu gehört aber vor allem die Beziehung zu Gott.
Ich sage euch, wer nicht erkennt, wie wichtig diese Verbindung ist, wer meint, alles wird sich von alleine regeln, der irrt. Ich bin ein gütiger Gott, voller Liebe und Gnade, aber ich habe eine Aufgabe übernommen – euch zu bessern, zu verändern, euch erkennen zu lassen, dass die Umkehr in eurem Leben euch Glück und Zufriedenheit bringt.
Ich pflanze in euch die Hoffnung und die Erkenntnis, dass alles veränderbar ist.
Wenn ihr bereit seid, euch zu verändern, wird die Sehnsucht euch erfüllen, verbunden zu sein mit etwas, was stärker ist als alle Freude und alles Leid auf dieser Erde. Angeschlossen zu sein an die Allmacht meiner Liebe.
Wer diese Verbundenheit anstrebt, wer dazu bereit ist, der wird durch starke Veränderungen gehen, den werde ich die Kraft meines Handelns erkennen lassen. Die Bereitschaft aber liegt immer bei dir.

Darum erwache aus dem Schlaf der Unwissenheit und nehme die Veränderung wahr.
Im Leben eines jeden Menschen kommt die Stunde, in der er sich entscheiden darf, die ihn befreit von den Fesseln der Unwissenheit. Wenn dieser Augenblick gekommen ist, dein Leben zu verändern, und du bist dazu bereit, dann geschieht das große Wunder, das den Menschen meine Liebe erkennen lässt, und dies nennt man GLAUBE.

HABE KEINE ANGST, MEIN KIND, ICH BESCHÜTZE DICH.
OM SAI RAM

27.03.1996 ~ 4.40 Uhr

Vergebung ist das Wort, das euer Leben bestimmen sollte.
Vergebung ist etwas Wunderbares, es macht dich frei von allen Anhaftungen und Bindungen. Wer vergibt, der erkennt, dass alles, was einem begegnet, letztendlich dazu da ist, ihn in seiner Entwicklung weiterzubringen, der hat es nicht nötig, negative Gedanken und Gefühle in sein Herz zu lassen.
Alle unguten Gedanken, alle belastenden Gefühle treffen am Ende doch nur dich selbst. Sei immer bemüht, dich frei zu machen von Hass und Rachsucht.
Glaube mir, der Kern eines jeden Menschen ist Liebe. Manchmal kannst du in all deinem Schmerz, deiner Verzweiflung dies nicht erkennen, aber wenn du aufhörst, dich zu quälen, wenn du erkennst, dass nur du selbst etwas verändern kannst, wenn du spürst, ich kann vergeben, dann hast du den Schlüssel zu deinem Frieden gefunden.
Innerer Frieden entsteht aus der Einsicht, dass nichts so wichtig ist wie Vergebung.
Der erste Schritt auf diesem Weg ist, dass du dir selbst vergibst, dass du lernst, nicht immer wieder mit dir zu hadern. Nimm dich an mit deinem ganzen Sein, erkenne deine Schwächen, bitte, wenn du nicht klar kommst mit dir, mich um Hilfe, und hadere nicht immer mit dir.
Nichts ist vollkommen, du hast jeden Tag die Möglichkeit, dich zu bemühen, dich neu zu zentrieren, zu erkennen, aber höre auf, dich zu verurteilen, dich zu quälen. Das Wichtigste unserer

Beziehung ist die Vergebung, ist die Liebe. Liebe ist frei von Schuld. Liebe ist Verstehen, ist Vergeben.
Vergib uns unsere Schuld, wie auch wir vergeben unseren Schuldigern. So lautete meine Botschaft, die ich in die Welt brachte.
Glaubst du wirklich, du könntest auch nur eine Sekunde überleben, wenn dies nicht geschehen würde? Alles, was du tust, alles, was du fühlst, ist ein Teil meiner Liebe zu euch Menschen. Nicht gut oder schlecht ist es, was du erkennen sollst, sondern hinter allem, was geschieht, ist ein Sinn verborgen. Ob du ihn sofort erkennst oder ob du daran vorbeigehst, immer sollst du dir vor Augen führen, du bist ein Teil des Göttlichen.
Diese Gewissheit soll dir Kraft und Stärke geben und dich erkennen lassen, dass letztendlich jeder wieder heimkommt zu mir und dort Vergebung erlangt.
Darum achte darauf, dass dein Leben erfüllt ist und dass du dir vergibst, dann, mein Kind, wirst du frei sein, und Frieden und Liebe werden einziehen in dein Herz.

Habe keine Angst, mein Kind, ich beschütze dich.
OM SAI RAM

01.04.1996 ~ 5.50 Uhr

Mein Kind, die Worte, die du empfängst, haben eine große Bedeutung, sie sollen dir zeigen, wie nahe wir verbunden sind, aber sie sind auch eine Botschaft an alle Menschen. Nutze ihren Wert und bringe sie in die Welt.
Der Tag wird kommen, an dem die Menschen erkennen werden, welche Bedeutung sie haben. Hüte meine Worte gut.
Die Welt, in der du lebst, befindet sich in Veränderung, achte sorgfältig darauf, dich mit Menschen zu umgeben, die guten Willens sind, die meine Lehren achten und die erfüllt sind von Liebe. Du bist gesandt, meine Liebe zu verbreiten, beginne mit der Arbeit und öffne dich für Botschaften.
Im Leben, mein Kind, hat der Mensch die Möglichkeit, sich zu entscheiden, welchen Weg er gehen will. Du hast dich für den Weg meiner Liebe entschieden, nimm ihn an und gehe ihn konsequent. Ich leite und führe dich.

Der Auftrag, den ich dir gebe, lautet: Bring meine Botschaften in die Welt und lasse dich nicht beirren.
Der Weg ist klar gezeichnet, du darfst ihn einfach gehen. Ich leite und führe dich auf den Wegen deines Lebens, du musst mir nur vertrauen. Ich segne dich.
OM SAI RAM, Kraft und Stärke ist in dir, nun brauchst du einzig den Mut, alles durchzustehen.

ॐ *HABE KEINE ANGST, MEIN KIND, ICH BESCHÜTZE DICH.*
OM SAI RAM

05.04.1996 ~ 3.10 Uhr

All euer Handeln, all euer Tun sollte erfüllt sein von Liebe.
Menschen, die in Liebe leben, werden erfüllt sein von mir.
Erkenne, dass alles, was du bist, mein Werk ist. Ich schuf dich nach meinem Ebenbild und ließ dich das erkennen.
Die Achtung, die ich dir entgegenbringe, ist unendlich. Ich helfe dir immer wieder, dich aus den Fesseln der Unwissenheit zu befreien. Ich sende dir immer wieder Situationen, die dir zeigen sollen, wie verbunden wir sind, aber allzu oft erkennst du sie nicht. Darum gestaltet sich dein Leben oft kompliziert, weil du nicht bereit bist, Situationen in deinem Leben richtig zu erkennen und für dich richtig zu beurteilen. Doch ich gebe dir die Chance, Situationen immer wieder zu durchlaufen, bis du den Sinn der Botschaften verstanden hast und eine Änderung vollziehst oder eine Erkenntnis daraus gewinnst.
Ich helfe dir immer wieder, aber oft sind dir meine Wegweiser unverständlich, weil du noch nicht bereit bist zu erkennen, und darum fällst du von einer Katastrophe in die andere. Wenn immer wieder die gleichen Begebenheiten sich in deinem Leben wiederholen, dann hadere nicht mit mir, sondern sei dankbar, denn ich will dir helfen, dein Leben zu verändern.
Achte sorgsam auf diese Begebenheiten, sie sollen dir Lebenshilfe, nicht Strafe sein.
Nicht erkennen wollen ist ein großes Problem von euch Menschen. Ihr seid so gefangen in der Außenwelt, dass ihr oft nicht den wahren Sinn eurer Bestimmung seht. Glaube mir, ich bin immer bereit, dir zu helfen, wenn du es nur zulässt.

Du allein entscheidest, wann du bereit dazu bist. Darum halte inne und erkenne.
Meine Liebe zu dir ist gekennzeichnet von großer Geduld. Ich kann warten, bis du, wann immer du dich dazu entschließt, den Weg zu deiner Zufriedenheit und deinem Glück gehst.
Du sollst nur auf die Zeichen achten, denn sie helfen dir, glücklich zu sein. Dass du glücklich und voller Freude durchs Leben gehst ist das, was ich für dich erhoffe: Freude und Glück und ein Leben voller Liebe. Ich bin bereit, es dir zu schenken, wann immer du bereit dazu bist.

HABE KEINE ANGST, MEIN KIND, ICH BESCHÜTZE DICH.
OM SAI RAM

15.04.1996 ~ 3.30 Uhr

Berühre dein Herz mit der Liebe, und du wirst frei sein. Im Schoße der Zeit liegt dein Leben verborgen. Wenn du heraustrittst aus ihm, beginnt der Kreislauf des Lebens.
Du Menschenkind hast angefangen zu existieren. Der Weg beginnt sich zu formen, zu gestalten. Immer, wenn ein Mensch diese Erde betritt, begleitet ihn ein himmlischer Helfer. Er hat den Auftrag, ihn vor Gefahren zu bewahren. Er hilft ihm, seine Abgründe des Lebens zu sehen.
Je höher ein menschliches Wesen steht, desto größer ist seine Verantwortung. Glaube nicht, dass etwas so Wertvolles wie du ohne Schutz ist. Die himmlischen Helfer haben oft keine leichte Aufgabe. Ihr Menschen seid nicht leicht zu bewachen. Darum werde dir deines Schutzes bewusst und sei voller Dankbarkeit und Liebe. Die Liebesfähigkeit hat ihre stärkste Ausstrahlung in der Form der Menschwerdung gefunden.
Liebe ist, was euch direkt mit euren Helfern und mir verbindet. Darum nutze diese Kraft, und du wirst ihre Stärke spüren. Wann immer du dir in deinem Leben dieser stärksten Kraft bewusst bist, wann immer du sie erkennst und lebst, wird sie dir Trost und Hilfe sein. Liebe ist die stärkste Kraft auf Erden. Ich sage dir immer wieder, Liebe ist der Kern eines jeden Menschen. Wenn du ein erfülltes Leben haben möchtest, dann aktiviere diese Kraft in dir.

Liebe, liebe, liebe, und du wirst frei sein von aller Pein und mir nahe. Darum lasse sie dein Herz berühren und erkenne, wie voller Freude und Liebe du bist.

ॐ *Habe keine Angst, mein Kind, ich beschütze dich.*
OM SAI RAM

23.04.1996 ~ 4.20 Uhr

Die Erneuerung der Welt geht aus von den Menschen, die verbunden sind mit mir, die erkennen, dass Glaube und Liebe die Neuordnung gestalten. Du gehörst der Menschengruppe an, die das Muster der Neuordnung in sich trägt.
Darum verbindet euch untereinander in meinem Namen und lebt meine Liebe, meine Wahrheit, meine Gewaltlosigkeit, meinen Frieden und meine Rechtschaffenheit, und eure Welt wird neu gestaltet werden.
Die Welt, in der du lebst, ist in Veränderung. Die Signale, die ihr empfangt, haben die Bedeutung, euch aufzuschließen für die neue Ordnung. Menschen, die bereit sind, die neue Ordnung mitzutragen, wurden auf dieser Erde inkarniert.
Der Zusammenschluss der Gemeinschaft von Lichtkindern wird immer stärker werden. Ihr seid ausgestattet mit dem Wissen der Liebe. Die Kräfte, die in euch sind, werden euch den Weg zu mir finden lassen. Es gibt nur einen Weg für euch, den Weg zu mir. Millionen werden noch geboren werden, alle mit dem Code der Liebe ausgestattet.
Ich habe versprochen, die Welt zu verändern, und ich werde dieses Versprechen einlösen. Jeder Einzelne, den ich gerufen habe, wird ein Glied der Kette sein. Jeder Einzelne hat den Auftrag, Helfer zu sein und den Auftrag zu erfüllen.
Vieles in deinem Leben wird sich verändern, wenn das Signal dich erreicht hat. Du wirst die Kraft und die Stärke finden, ihm zu folgen. Dieser Weg wird nicht immer leicht sein für dich. Du wirst auch viele schmerzvolle Erfahrungen machen, du wirst Trennungen erfahren, du wirst von vielem, was dir wichtig war, getrennt werden, aber ich führe auch vieles wieder zusammen, wenn du bereit dazu bist, und auch viel Freude und Liebe wird dein Leben bestimmen. Denn der Weg deiner

Bestimmung wird dir den Frieden schenken, den du so dringend benötigst, um mich zu finden.
Wann immer du meinen Namen denkst oder aussprichst, wann immer du dich gedanklich verbindest mit mir, wird Frieden gesandt werden. Nutze darum jede Gelegenheit, meinen Namen in dein Herz zu lassen.
Friede auf Erden, und den Menschen ein Wohlgefallen.
So lauteten die Worte der Engel.
Ja, Friede ist es, den ich euch bringen will. Friede in eure Herzen und euer Leben. Dem Frieden in dir wird die Liebe folgen. Der Liebe folgt das Licht. Liebe und Licht sind der Garant, der euer Leben erhellt.
Glaube und Hoffnung auf eine neue Zeit sollen euch erfüllen. Tragt sie in die Welt, diese meine stärkste Kraft. Tragt sie in jedes Haus, öffnet die Herzen und lasst das Licht einziehen. Jeder, der verbunden ist mit mir, hat die Kraft, Helfer zu sein. Beginnt mit dem Werk der Nächstenliebe, beginnt noch heute damit.
Die Zeichen der Zeitenwende haben begonnen. Ich will euch hinführen zu den Ufern von Babylon, ich will euch hinführen zu mir. Darum, du Menschenkind, erkenne deinen Auftrag und komme nach Hause.

ॐ *Habe keine Angst, mein Kind, ich beschütze dich.*
OM SAI RAM

27.04.1996 ~ 5.20 Uhr

Der Glanz meiner Herrlichkeit erstrahlt in jedem Sein. Du findest ihn in jeder Blume, du findest ihn in jedem Stein. Es ist die alles durchdringende Kraft, die allem innewohnt, was dir begegnet. Es ist die unendliche Vielfalt des Lebens. Es ist das alles durchdringende Licht. Die Existenz des Lichtes ist das, was euch am Leben erhält, die Kraft, die euch durchdringt.
Lasse dein Licht leuchten und sei mir gnädig. Du erfährst das Wunder des Lichtes bei jedem Sonnenaufgang. Du erfährst es mit jedem Abendrot. Es durchdringt deine Zellen, es leuchtet in dir. Mit dem Zyklus von Tag und Nacht zeige ich dir jeden Tag das Wunder des Lebens.

Von der Dunkelheit führe mich zum Licht. Im Rhythmus des Lebens ist all meine Herrlichkeit verborgen. Du warst Licht, und du wirst heimgeführt zum Licht.
Warum, glaubst du, empfindest du das Licht als etwas Wunderbares? Warum, glaubst du, erfüllt dich beim Anblick von starken Lichtverbindungen, wie eines Regenbogens, eine so große Freude? Weil es in dir die Erinnerung aufsteigen lässt, die Erinnerung an etwas Vertrautes, etwas Wunderbares, die Erinnerung an das allumfassende göttliche Sein. Es ist manifestiert in jedem Bewusstsein, es ist die Verbindung zu mir.
Eins mit mir zu werden ist es, was du anstrebst alle Zeit. Eins zu werden mit dem Licht.
Ich wünsche dir einen lichtvollen Tag.

ॐ *HABE KEINE ANGST, MEIN KIND, ICH BESCHÜTZE DICH.*
OM SAI RAM

04.05.1996 ~ 5 Uhr

Die Konsequenz eures Handelns schafft euer Karma. Es sind die immer wiederkehrenden Handlungen, die euer Leben bestimmen, nicht einmaliges Tun, sondern fortwährendes Handeln. Ich erkenne sehr wohl eure Taten und Absichten, ich weiß um euer Wollen und eure Absichten. Ich zähle nicht kleinlich Fehler, aber ich prüfe genau, was ihr bei eurem Tun denkt und fühlt. Darum achtet darauf, was euer Tun bestimmt.
Neid und Habgier, Unlauterkeit und einem Menschen bewusst Leid zuzufügen, das sind Dinge, auf die ein besonderes Gewicht fällt. Gotteslästerung und Ehebruch sind karmische Schwerpunkte, die über viele Leben gesühnt werden müssen. Darum glaube nicht, dass ein Schmerz, den du einem dir anvertrauten Menschen zufügst, ohne Konsequenz für dein Leben bleibt. Den Namen des Herrn zu verspotten, die Verhöhnung der heiligen Namen bringt großes Unglück über dich.
All dies geschieht nicht unbemerkt, auch wenn du heute das Gefühl hast: Ach, ich merke nichts von Sühne und Schuld, ich lebe doch ein zufriedenes Leben. Die Stunde der Wahrheit kommt für jeden Menschen, das ist das uneingeschränkte Versprechen, das ich euch gab.

Alles, was du tust, all deine Handlungen, bestimmen dein Leben. Viele von euch glauben: Egal, was später ist, wichtig ist, wie ich heute lebe, was kümmert mich mein Karma. Ich werde geboren und sterbe, nach mir komme, was wolle.
Ich sage dir, es kommt, was will, und die Klagen dringen zu mir: Gott, hilf mir, ich bereue, ich bitte um deine Gnade. All diese Worte dringen zu mir, und der Schmerz ist groß. Warum lässt du das zu? Meinen Kummer, mein Leid.
Wieder versuchst du, die Verantwortung von dir abzuwälzen und eine andere Instanz für dein Handeln verantwortlich zu machen. Niemand außer dir ist für die Auswirkungen deines Karmas verantwortlich. Nur du allein.
Ich bin immer bereit, dir zu verzeihen, ich bin immer bereit, dich mit meiner Liebe zu umhüllen, wenn du dich auf den Weg der Rechtschaffenheit, der Wahrheit, der Liebe, der Gewaltlosigkeit und des Friedens begibst.
Ich schenke dir das Bewusstsein meiner Gegenwart in dir und zeige dir neue Wege. Die Abtragung alter Schuld kannst du durch rechtes Handeln erreichen. Beginne noch heute damit, dein Leben zu verändern, und glaube mir, meine Vergebung ist dir gewiss.
Die Wege der Liebe befreien dich von den Fesseln der Schuld. Die Wege der Liebe schenken dir Glückseligkeit. Darum wandle auf den Wegen der Liebe, und ich schenke dir Frieden.

ॐ *HABE KEINE ANGST, MEIN KIND, ICH BESCHÜTZE DICH.*
OM SAI RAM

07.05.1996 ~ 4.10 Uhr

Du kommst aus dem Licht, du bist Licht, und du gehst zum Licht. Sei dir dessen immer bewusst.
Warum, glaubst du, sage ich dir dies immer wieder? Weil ich dir die Wichtigkeit dieser Tatsache vor Augen führen möchte. Nichts wird in den nächsten Jahren so wichtig für dich sein wie dieses Bewusstsein, dass du Licht bist.
Erkenne die Notwendigkeit und die große Bedeutung des Lichtes in dir. Der Grad deines Lichtbewusstseins entscheidet über dein Leben. Beginne dich aufzuschließen für die Strahlen

des Lichtes, und lasse mein Licht leuchten in dir. Menschen, die die Verbindung mit dem Licht aktivieren, werden die Bedeutung der Lichtenergie an sich erfahren.
Jeden Abend und jeden Morgen verbinde dich mit dem Licht, verbinde dich mit mir. Mache regelmäßig meine Lichtmeditation. In jedem Menschen, in jeder Kreatur ist diese Lichtflamme enthalten. Der Grad der Entwicklung entscheidet über die Strahlung. Du hast die Gnade, jetzt geboren zu sein. Niemals wieder wird der Mensch die Möglichkeit bekommen, sich so bewusst einzubringen und mir so nahe zu sein.
Die Erhöhung eurer Lichtfrequenz macht es möglich, Botschaften und Signale aufzubauen, die euch in eurer Entwicklung beschleunigen. Die Tage des Leides, der Trauer sollen vergessen sein für Kinder des Lichtes. Jeder Einzelne hat die Chance, die Lichtflamme in sich zu entfalten und zum Leuchten zu bringen. Grundvoraussetzung ist der Glaube an die höchste göttliche Instanz, ist der Glaube an Gott.
Immer wieder, seit Anbeginn der Zeit, durchströmt euch das Licht. Wissende und Unwissende haben das gleiche Licht in sich. Aber nun ist die Zeit gekommen, das Bewusstsein zugänglich zu machen für Millionen. Die Zeit des Schlafes ist vorbei. Darum erwacht aus dem Schlaf der Unkenntnis und öffnet euch meiner Liebe und dem Licht. Auf dass ihr erfüllt werdet und in eine neue Zeit eintreten könnt.
Die Zeit, die man das Goldene Zeitalter nennt.
Friede sei mit euch, und lasst mein Licht leuchten alle Zeit. In meinem Namen sollt ihr euch verbinden, in meinem Namen sollt ihr glücklich sein.

ॐ *Habe keine Angst, mein Kind, ich beschütze dich.*
OM SAI RAM

12.05.1996

Die Tage der Ruhe sind vorbei. Die Entwicklung eurer Erde wird in eine neue Zeitqualität eintreten.
Die Aufmerksamkeit der Menschen wird sich verändern. Die Werte, die eure Gesellschaft übernehmen wird, werden eine Veränderung herbeiführen.

Ausgelöst wird dies alles durch einen ungeheuren Entwicklungsprozess auf geistiger Ebene.
Die Erneuerung eures Gedankengutes, eurer Wertbegriffe werden eine Umwandlung bewirken, getragen vom Gedanken der Liebe wird eine Erneuerung ausgehen.
Im Namen meiner Herrlichkeit werdet ihr euch zusammenschließen und eine neue Epoche der Menschheitsgeschichte einleiten. Im Bewusstsein meiner Liebe werdet ihr die Kraft finden. Sie wird euch erfüllen und stärken. In meinem Namen werdet ihr die Dunkelheit besiegen.
Du musst Ruhe bewahren, du musst dich begrenzen und stabilisieren und deine neuen Aufgaben erfüllen. Achte auf dich und führe ein Leben, das meiner Liebe entspricht.
Halte deinen Geist wach und dein Herz offen und erkenne: Nichts ist so wichtig wie die Verbundenheit mit mir. Sie wird dir deinen Weg zeigen, darum verweile in der Phase der Verpuppung, bis die Kräfte sich entfaltet haben und du ausfliegen kannst, um meine Liebe zu verbreiten.

ॐ *Habe keine Angst, mein Kind, ich beschütze dich.*
OM SAI RAM

16.05.1996 ~ 4.15 Uhr

Berühre dein Herz mit der Liebe, und du wirst frei sein. Frei von was? Frei von innerer Unruhe, frei von Hass und Begierde, denn die Liebe, die ich meine, ist wie ein klarer, leuchtender Diamant. Frei von allen Fehlern.
Die Liebe, die ich meine, macht dich frei. Du benutzt den Begriff Liebe und fühlst Traurigkeit in dir. Ich sage dir, das ist keine Liebe. Wahre Liebe ist Freude und Glück. Sie ist das wunderbare Geschenk Gottes an euch Menschen, um verbunden zu sein. Wenn diese Verbindung euch aber Leid und Schmerz zufügt, dann gebührt ihr das Wort Liebe nicht. Dann ist es vielleicht eine tiefe Beziehung, aber niemals wahre Liebe. Liebe ist die Kraft, die sich verströmt, die niemals fordert, die immer da ist, ohne zu fragen: Was bekomme ich dafür?
Liebe ist selbstlos, ohne Begrenzungen.
Die Liebe Gottes ist die wahre, unauslöschbare Tatsache deines

Seins. Ich werte niemals, ich bin immer für dich da, ich stelle keine Forderungen, ich lege dir keine Maßstäbe an, ich akzeptiere dich so, wie du bist. Meine Liebe ist immer, hörst du, immer für dich da, ohne Ausnahme.
Lasse dir niemals eine andere Darstellung meiner Liebe erzählen. Gott liebt frei von allem. Ich bin das Meer der Unendlichkeit, in das jeder, der den Weg zu mir findet, eintauchen kann. Du wirst aufgenommen bei mir.
Aber was ist mit Schuld und Sühne, was ist mit deinem Karma? Dies alles hat nichts mit mir, sondern allein mit dir zu tun. Du entscheidest über die Stufen deiner Entwicklung, du hast die Wahl. Mit jeder neuen Inkarnation willst du dich vervollkommnen. Das Ziel, der Fortschritt, der Weg, immer bist du es, der die Maßstäbe setzt.
Ich erkenne deine Mühen, ich erkenne dein Handeln.
Durch die Gebote, durch meine Lehren helfe ich dir, dich leichter an dein Ziel zu bringen. Aber mit meiner Liebe zu dir hat das nichts zu tun. Diese Liebe gehört dir immer, egal, auf welchem Entwicklungsstand du dich befindest.
Warum sage ich dir dies alles? Um dich erkennen zu lassen, wie unendlich lieb du mir bist. Aber auch, um dir die Bedeutung wahrer Liebe zu verdeutlichen. Wahre Liebe lässt den Menschen seine eigene Entwicklung durchlaufen. Sie engt nicht ein, sie fordert nicht. Sie ist. Siehst du nun, wie weit die Liebe, die ihr empfindet, von der wahren Liebe entfernt ist?
Darum denke bei allem, was du empfindest, an die große Liebe, die dich umgibt, und du wirst Stück für Stück deiner inneren Freiheit näher kommen, denn innere Freiheit ist die wichtigste Voraussetzung für Liebe. Darum bitte mich um innere Freiheit, und du wirst erkennen und lieben.

ॐ *Habe keine Angst, mein Kind, ich beschütze dich.*
OM SAI RAM

21.05.1996 ~ 4.15 Uhr

Der Gegenwart Gottes sei dir immer bewusst, du bist ein Teil von ihr. Die Erkenntnis, dass du göttlich bist, ist der Moment, in dem du die Gegenwart meiner Liebe erkennst. Es ist der

Moment, der dich der Verbundenheit mit mir teilhaftig werden lässt. Wenn dich diese Erkenntnis trifft, bist du nie mehr allein, dann bist du bewusst verbunden mit mir.
Ab diesem Moment, da du deine Göttlichkeit empfindest, trittst du heraus aus der Unwissenheit.
Dieser Schritt bringt für dich die große Wandlung. Dein Leben tritt in eine neue Phase ein. Niemals mehr wirst du in die Dunkelheit zurückfallen, du bist auf dem Weg ins Licht.
Dies ist aber auch mit großer Verantwortung verbunden. Die Welt und deine Mitmenschen bekommen einen neuen Wert für dich. Deine Aufgabe wird sein, dich stetig weiterzuentwickeln. Es gibt keinen Stillstand, es gibt kein Zurück mehr.
Der Funke, der in dir entfacht wurde, wird dich weitertreiben auf dem Weg der Erkenntnis. Dein Leben wird sich verändern, du wirst dir der Verbundenheit mit mir bewusst sein, und ich werde dich mit Liebe erfüllen. Der Weg, den du gehst, ist der Weg der Erkenntnis, und dieser Weg ist der schönste, wenn es dir gelingt, ihn mit Freude und Liebe zu gehen.
Darum lass dich auf die Zeichen ein, die ich dir sende. Lass die Strahlen meiner Liebe in dich eindringen und folge dem Ziel meiner Lehren. Wenn dich Zweifel befallen, wenn du Trauer spürst, dann verbinde dich mit mir. Bitte mich um Hilfe, und ich werde deine Zweifel, deine Trauer auflösen.
Wer die Göttlichkeit in sich gefunden hat, sollte mit Liebe und Freude durchs Leben gehen. Es wird dir nicht jeden Tag gelingen, aber je mehr du es dir bewusst machst, je mehr du es zulässt, dieses Wissen, desto mehr wird es dich herausführen aus den Unwichtigkeiten deines Lebens.
Darum lebe in der Gewissheit meiner Gegenwart, und du wirst frei sein. Frei und geborgen in der Allmacht meiner Liebe. Frei in der Gewissheit, dass ICH-DU und DU-ICH bist.

ॐ *Habe keine Angst, mein Kind, ich beschütze dich.*
OM SAI RAM

29.05.1996 ~ 4.40 Uhr

Alles, was du in deinem Leben aus Liebe tust, ist wohlgetan. Die Kraft, die dich leitet, wird dir helfen, wann immer du sie in deinem Leben benötigst. Du brauchst dich nur mit ihr zu verbinden. Allein der Gedanke an sie wird dich mit dem Strom ihrer Macht und Ausstrahlung verbinden.

Denke Liebe, und du bist Liebe.

Wann immer du in deinem Leben an einem Punkt angekommen bist, der dich nicht weiterkommen lässt, der dir aussichtslos erscheint, der in dir das Gefühl aufkommen lässt, verlassen und allein zu sein, der in einer schwierigen Lebenssituation dir allen Mut nimmt, wenn du glaubst, niemand ist da, der dir hilft, dann versuche, die Kraft der Liebe in dir zu wecken.

Stelle dich unter meinen Schutz, und glaube mir, die Kraft meiner Liebe wird dich erfüllen.

Wenn du noch weit von mir entfernt bist und mir noch nicht vertraust, wenn du dir meiner Liebe und Gnade noch nicht bewusst bist, dann stelle dir einen Moment in deinem Leben vor, in der du Liebe erfahren hast, und ich sage dir, allein diese Vorstellung lässt die Kraft der Liebe fließen.

Die Unendlichkeit ist es, die ihren Zauber ausmacht. Die Unendlichkeit des Stromes, der alles verbindet, was je mit Odem durchdrungen wurde.

Ich gab euch den Atem, ich gab euch das Leben, und mit dem Leben gab ich euch die Fähigkeit des Liebens, uneingeschränkt jedem Lebewesen, das durch die Kraft meines Wollens und meine Liebe entstand.

Versuche es einmal an dieser Stelle.

Denke LIEBE, und du bist LIEBE.

Fühlst du, wie dieser warme Strom des Lebens dich durchdringt, wie er dich ausfüllt? Ich sage dir, kein Kummer, kein Leid, und sei es noch so groß, das nicht gemildert wird durch die Kraft der Verbindung mit meiner Liebe.

Vertraue mir, und dein Leben wird voller Licht und Liebe sein. Ich gieße es aus, das Licht meiner Liebe, unaufhaltsam, es ist immer bereit, in dich zu fließen, wenn du bereit bist, dich dafür zu öffnen.

Beginne den Tag mit dem Gedanken der Liebe, beende jeden Tag damit, und du wirst Frieden finden, Frieden mit dir.

HABE KEINE ANGST, MEIN KIND, ICH BESCHÜTZE DICH.
OM SAI RAM

02.06.1996 ~ 5.30 Uhr

›Höre den Ruf, du Kind der Erde, dein Commander bittet um Einlass. Ich, Euraklion, der Herr von Mora, habe eine Botschaft für dich.
Seit Anbeginn der Zeit ist die Entwicklung auf eurem Planetensystem darauf angelegt, die Erkenntnisse, die aufgenommen werden, zu speichern und zu formen. In allen Welten wurden Energiepotenziale gespeichert, die auf ihren Einsatz warten.
Die Menschheitsgeschichte macht nur einen winzigen Bruchteil unserer Entwicklung aus. So groß, wie unsere Entfernung zu eurem Planeten ist, so groß ist auch die Entwicklungskurve.
Der Mensch allein wurde dazu auserwählt, die Evolution auf dem Planeten Erde zu durchlaufen.
Von allen Planetensystemen wurden Energien ausgesucht, die Erlaubnis bekamen, diesen Schritt zu vollziehen, die Gnade der Menschwerdung. Während vieler Entwicklungsprozesse entstand die Einzigartigkeit, getragen von der Liebe und dem Glauben der gesamten Energie- und Lebensformen, getragen von der Kraft, die euch durch seinen Willen formte.
Nur der menschlichen Rasse wurde diese Gnade der Selbstentscheidung, der immer wiederkehrenden Erneuerung, gegeben. Ihr durftet eure Entwicklung, eure Vervollkommnung selbst bestimmen. Immer wieder durftet ihr euch dafür entscheiden, bis ihr das Ziel der absoluten Reinheit wiedererlangt. Ihr seid euch der Gnade, die euch zuteil wurde, nie bewusst geworden, da ab dem Zeitpunkt eures ersten Eintritts auf dem Planeten Erde euer Bewusstsein entstand.
Bewusstsein bedeutet aber auch, immer wieder sich neu zu formen. In alten Zeiten war eure Verbindung noch vorhanden, die Trennung erfolgte im Laufe eurer Entwicklung. Wir versuchten, euch durch Lichtenergie immer wieder mit eurer alten Heimat zu verbinden, denn jeder kehrt irgendwann, wenn er alle Lernaufgaben durchlebt hat, wieder als Licht auf seinen Planeten zurück.
Für das Gleichgewicht des Universums ist euer Planet Erde sehr wichtig. Alle Energien, die dort entstehen, werden weitergeleitet und helfen, neue Energien und Lichtzentren zu bilden. Auch wir werden von Energie gespeist, denn Gedanken der

Liebe haben eine unendliche Kraft. Darum ist unsere Hilfe für euren Planeten so überaus wichtig, auch für die anderen Lebensformen im Universum.
Die Erhöhung der Liebesenergie ist wichtig. Ihr könnt sie dadurch verstärken, dass ihr sie bewusst in den Kosmos sendet, ihr leistet damit einen Beitrag zur Erhaltung eures Heimatplaneten. Darum sendet, wann immer ihr könnt, gedanklich Licht und Liebe. Zur Erhaltung des Gleichgewichts ist der Gedanke der Liebe von unendlichem Wert.
Die Zeit der Zeitenwende ist gekommen. Die Entwicklungsgeschichte eures Planeten wird in eine neue Bewusstseinsebene eintreten. Alle Helfer sind aufgerufen, daran teilzuhaben.
ER will euch verändern, ER will euch erlösen von den Fesseln, die euch gefangen halten. ER will euren Geist und euer Bewusstsein erlösen, damit ihr euch eures Wertes bewusst werdet.
Die Liebe wird euch den Weg weisen.
Ich beuge mich in Ehrfurcht vor ihr.
Du Kind des Lichtes, das du den Auftrag angenommen hast, dich mit anderen gemeinsam zu verbinden, seine Liebe bewusst zu machen, ich grüße dich und sende dir Licht und Freude.
Unsere Verbindung ist immer vorhanden, auch wenn die direkte Kommunikation dich nicht erreicht. Wir haben Kontakt zu dir, wir erreichen jeden, der zu uns gehört, und senden ihm Licht. Ich nehme Kontakt zu deinem Unterbewusstsein auf und leite dich. Habe Vertrauen und lerne.
Licht und Liebe, du Kind der Erde.‹

Licht und Liebe ist der unendliche Strom, der alles verbindet seit Anbeginn. Licht und Liebe verbinden dich auch mit mir.

HABE KEINE ANGST, MEIN KIND, ICH BESCHÜTZE DICH.
OM SAI RAM

08.06.1996 ~ 3.50 Uhr

Die Erfüllung eures Lebens hängt davon ab, wie sehr du bereit bist, die Lernaufgabe, die du dir gestellt hast, anzunehmen. Wie sehr du bereit bist, die Erkenntnisse, die du aus den Lebenssituationen, aus deinen Handlungen gewinnst, auch umzusetzen. Wie sehr du bereit bist, die Verantwortung für dein

Tun zu übernehmen. Immer wieder bekommst du Gelegenheit, dich zu erkennen.
Aber du allein entscheidest, ob du Erkenntnisse auch zu deiner Entwicklung einsetzt. Vergiss nie, du bist der Schöpfer deines Schicksals, du allein bestimmst den Ablauf durch die Umsetzung deiner Einsichten.
Erkenne die große Chance, die ich dir immer wieder biete, mit den Lebenssituationen umzugehen, die ich dir sende. Die Abfolge immer wiederkehrender Ereignisse lässt dich erkennen, dass etwas der Veränderung bedarf. An der Lösung, die du nun beginnst, erkenne ich deine Lebensreife.
Darum, mein Kind, nimm die Herausforderung an, die das Leben dir stellt, und erkenne ihren Sinn. Wenn du diese Einstellung gewinnst, wird die Verzagtheit, wird die Trauer aus deinem Leben verschwinden. Sie wird der Freude und der Zufriedenheit Platz machen.
Wie sehr dein Leben geprägt ist von Freude, zeigt dir, wie nahe du deinem Lebensziel bist. Darum mache dich bereit, dein Leben in ein Fest der Freude zu verwandeln.
Ich helfe dir dabei, wenn du es mir erlaubst. Gemeinsam mit mir wird es dir gelingen. Darum bitte mich um Hilfe, und der Freudentanz kann beginnen.

ॐ *Habe keine Angst, mein Kind, ich beschütze dich.*
OM SAI RAM

10.06.1996 ~ 4.30 Uhr

Du bist ein Suchender, dein ganzes Leben lang, ja über alle deine Leben hinweg bist du ein Suchender. Du suchst das Glück, du suchst Freunde, Partner, Aufgaben, Vorstellungen, Lebensinhalte. Du bist getrieben von dem Verlangen, gewaltige Dinge zu bewegen, zu erreichen.
All dieses Suchen hat nur einen Sinn: dich zu verwirklichen, dich zu finden, dich zu erkennen. Erkenne dich selbst ist der große Faden, der dich durch alle Leben begleitet. Erkenne dich selbst ist die Hauptaufgabe, die ein Mensch hat. Erkenne dich selbst, und du erkennst Gott, denn wenn du dich findest, dann findest du mich. Ich bin in dir seit Anbeginn.

Die Formel ist so einfach: ICH-DU, DU-ICH. Sie ist so einfach und doch so unendlich schwer zu finden, weil du dir und mir nicht genügend vertraust. Die Formel ist so einfach, aber du verstehst sie nicht. Darum bin ich gekommen in diese Welt, in dein Leben, um mein Versprechen einzulösen: die Menschen heimzuführen zu mir.
Die große Heimführung, die ihr erwartet, ist so einfach und für euch Menschen so unendlich schwer.
Erkenne dich selbst, und du erkennst Gott. Den Gott in dir, denn du bist göttlich.
Ich sage es dir immer wieder, aber glaubst du es? Glaube mir, alle großen Suchenden haben am Ende auf der Stufe der letzten Erkenntnis nur mich gefunden.
Der Weg zu dieser Erkenntnis ist der Weg der Liebe.
Mit ihr ist es genauso wie mit der Suche nach dir. Es ist der gleiche Weg. Du suchst sie überall, du erhoffst dir von ihr die größte Glückseligkeit und bist oft enttäuscht, dass du sie wieder nicht gefunden hast. Aber auch hier lautet die Zauberformel: Liebe dich, und du liebst alle.
Nur wer erkennt, dass alles von ihm ausgeht, wird die Erfüllung, wird Frieden finden.
Ich weiß, all diese Dinge, die ich dir sage, sind so schwer für dich zu erkennen.
Darum nutze die Chance meiner Gegenwart in diesem deinen Leben, um dich zu finden durch mich.

ॐ *HABE KEINE ANGST, MEIN KIND, ICH BESCHÜTZE DICH.*
OM SAI RAM

18.06.1996 ~ 3.45 Uhr

Du bist angekommen bei mir. Weißt du, was das bedeutet? Ich übernehme deinen Schutz, ich leite und führe dich die Wege, die du gehen sollst.
Im Augenblick deiner größten Not habe ich dich aufgenommen bei mir. Ich habe dich erkennen lassen, dass nichts wichtiger ist als die Erkenntnis: Herr, dein Wille geschehe.
Niemand kommt an diesen Punkt, wenn ich es nicht will.
Nur am tiefsten Punkt des Lebens erkennt der Mensch und

hört er auf den Ruf seiner Seele. Seine Seele weiß, wo sie Hilfe bekommt, um zu gesunden in ihrem Schmerz.
Du bist heimgekommen. Die Heimat eines jeden Menschen liegt in der Verbundenheit mit seinem inneren Selbst, der göttliche Funke, der in dir brennt, zeigt dir den Weg.
Es ist ein kleiner glimmender Funke, du musst ihn nur entfachen. Sein Leuchten durchdringt all dein Sein, du wirst durchdrungen von ihm. Es ist mein Wille, der in dir wohnt, es ist ein Teil von mir, der dich unaufhörlich verbindet mit mir. Wenn diese Erkenntnis dich durchdringt, hat dein Leben den Sinn bekommen, der dir die Kraft gibt, zu verändern.
Neue Werte sind bei dir. Die Werte der alten Lehren, die Werte meiner Liebe werden dich erfüllen und dich verändern, auf dass du Frieden findest in mir.
Innerer Frieden ist die Voraussetzung, um zu lieben. Nur wer Frieden spürt, der kann den Weg seines Lebens auf meinem Pfad gehen, dem Pfad der Erkenntnis.
Wo Gott ist, ist Frieden. Der Friede des Herrn sei mit dir, er führe und leite dich alle Zeit.

ॐ *HABE KEINE ANGST, MEIN KIND, ICH BESCHÜTZE DICH.*
OM SAI RAM

26.06.1996 ~ 4.15 Uhr

Du bist nicht allein, du bist beschützt. Wann auch immer du in deinem Leben das Gefühl hast, verlassen und einsam zu sein, wann immer du glaubst, dass niemand dich versteht, dass niemand da ist für dich, begib dich in den Zustand der inneren Einkehr, und du wirst Verbindung aufnehmen zu mir.
Halte inne und lausche, spüre den Strom deines Atems, lausche dem Schlag deines Herzens, spüre die Kraft, die dich am Leben erhält, und dann höre auf die Stimme, die zu dir spricht.
Glaube mir, wenn du nun deine Wünsche, deine Sorgen, deine Fragen formulierst und ganz ruhig wirst, wirst du mich hören, und ich werde dir Trost und Hilfe senden, denn der Mensch, der mir nah ist, wird immer, hörst du, immer Hilfe von mir bekommen.
Du musst dir und mir nur Gelegenheit geben, uns zu verstehen.

Dazu musst du aber ruhig werden, damit du meine Botschaft auch verstehst.
Ihr Menschen des 20. Jahrhunderts habt verlernt, in die Stille zu gehen, ständig ist ein großer Geräuschpegel um euch, ihr fühlt euch nicht wohl, wenn nicht ständig irgendein Geräusch um euch ist. Selbst in Ruhestunden habt ihr Geräusche um euch, und sei es nur eure Musik. Aber wie willst du lernen, auf mich zu hören, wenn du ständig gedanklich beschäftigt bist? Darum schaffe Raum für mich, gib deiner Seele Gelegenheit, Verbindung aufzunehmen zu mir.
Ich höre immer wieder euer Klagen: Gott hört mich nicht, er lässt mich allein. Nicht ich bin es, der nicht hört, sondern du. Ich höre dein Flehen, dein Bitten, deine Gebete. Ich bin immer bei dir, aber du hörst mir nicht zu, du bist unaufmerksam. Darum, wenn du bereit bist, in die Stille zu gehen, wirst du meine Nähe spüren.
Ich bin immer da, du brauchst nur innere Einkehr zu halten. Ich begleite dich auf all deinen Wegen durch meine himmlischen Helfer, ich weiß um all deine Gedanken und ordne dein Leben nach deinem Wohl, wenn du mich lässt. Denn du allein entscheidest, ob und wieviel Hilfe du bekommst.
Dein freier Wille ist das Maß aller Dinge. Die Freiheit des Denkens und des bewussten Handelns gab ich dir. Du entscheidest, welche Wege du gehen willst. Darum klage nicht, wenn etwas nicht so läuft, wie du möchtest, sondern übergib mir dein Leben. Ich werde dich die richtigen Wege führen. Aber damit du mich auch verstehst, werde eins mit mir, werde ruhig, werde still. Lausche, lausche, lausche und fühle mich in dir.

ॐ *HABE KEINE ANGST, MEIN KIND, ICH BESCHÜTZE DICH.*
OM SAI RAM

28.06.1996 ~ 4.30 Uhr

Die Welt, die du dir schaffst, ist deine Welt. Die Realitäten, die dich umgeben, sind veränderbar, wenn du es willst. Nichts ist so unbeständig wie die Realität, in der du dich zu befinden glaubst. Du kannst, wann immer du willst, sie verändern, allein durch die Kraft deines Wollens.

Darum sieh dir die Realitäten deines Lebens an, und wenn du glaubst, es entspricht nicht dem, was du möchtest, dann beginne, sie zu verändern. Du hast die Möglichkeit dazu, du hast sie durch die Kraft deines Wollens.
Dein Wille ist die Kraft deiner Gedanken. Nutze sie. Diese Kraft in dir ist unendlich, wenn du lernst, mit der Kraft deiner Gedanken dein Leben zu verändern.
Zuerst musst du lernen, deine Gedanken zu konzentrieren. Du musst lernen, mit ihnen zu spielen. Übe es in der Meditation, fange langsam an, übe das Spiel mit ihnen, lerne, sie gezielt zu gebrauchen. Beobachte dich bei diesem Tun. Achte auf die Regungen in dir, die deine Gedanken verursachen. Lerne bewusst, darauf zu achten.
Mache folgende Übung und beobachte dich: Achte auf deine augenblickliche Stimmung. Ist sie traurig, dann denke etwas Fröhliches, denke an etwas Schönes, stelle es dir richtig vor. Male es dir aus, kreiere gedanklich etwas Wunderbares, und nun beobachte dich. Nach einigen Minuten wirst du feststellen, dass du zu lächeln beginnst.
Wenn du guter Stimmung bist, denke an etwas Trauriges, stelle es dir ganz genau vor. Du wirst die Erfahrung machen, dass deine Gefühle sich verändern.
Siehst du, wie einfach es ist, mit diesem Spiel deine momentane Gefühlssituation zu verändern. Wenn du das Ausmaß deines Wollens erst einmal begreifst, kannst du dein Leben verändern. Das ist auch gemeint mit dem Spruch: Der Glaube allein kann Berge versetzen.
Du kannst alles verändern, wenn du es willst, wenn du bereit bist, dir selbst zu vertrauen, denn nur, wer sich selbst vertraut, vertraut auch Gott.
Diese Gemeinsamkeit, Vertrauen in sich selbst und Vertrauen in Gott, ist die stärkste Gemeinschaft, die es gibt. Nichts ist stärker. Lasse dich auf sie ein, und sie wird dein Leben verändern. So kannst du aus einem noch so misslungenen Gestern ein glückliches Heute machen.
Du hast die Kraft dazu. Versuche es.

ॐ *Habe keine Angst, mein Kind, ich beschütze dich.*
OM SAI RAM

Beginne den Tag mit Liebe.
Fülle den Tag mit Liebe.
Beende den Tag mit Liebe.
Das ist der Weg zu Gott.

29.06.1996 ~ 4.20 Uhr

Glaubst du, du könntest deiner Bestimmung entgehen? Du kannst sie nur verzögern. Du kannst Umwege gehen, Jahre um Jahre. Du kannst dir Zeit lassen. Du hast die Freiheit dazu, die Freiheit des eigenen Wollens und Erkennens. Es ist die Zeit, die dir gehört, nutze sie. Wozu auch immer du sie verwendest, sie gehört dir. Du kannst sie gestalten nach deinem Wollen.
Auf deinem Weg durch die Zeit begegnen dir Menschen, Situationen treten in dein Leben, du erkennst Aufgaben. Du erkennst oder auch nicht, dass sie dir etwas sagen wollen. Du entwickelst dich unaufhaltsam, mal langsamer, mal schneller. Ich habe Geduld mit dir. Du hast sie oft nicht.
Du rennst oft unaufhaltsam, nur getrieben von dem Verlangen, etwas zu verändern, etwas zu erkennen, von einer schwierigen Lebenssituation in die nächste. Warum muss ich dies immer wieder durchleiden? Warum begegnen mir immer wieder die gleichen Probleme? Weil du nicht aufmerksam bist, weil du mir nicht vertraust. Werde ruhig, werde besonnen, werde aufmerksam. Glaube mir, werde mein.
Lerne die Zeichen, die ich dir sende, zu deuten, höre auf mich, werde still. Ich habe dich geleitet und geführt über viele Leben, deiner Bestimmung entgegen. Du hast nun in diesem Leben Gelegenheit, mir nahe zu sein. Niemals war die Möglichkeit so groß für dich, mir nahe zu sein.
Nutze sie und erkenne: Der Vater und ich sind eins. Ich werde gespeist von seiner Liebe und Gnade. Ich darf mich meiner Bestimmung nähern, wenn ich mein Leben ihm übergebe.
Herr, dein Wille geschehe.
Vertraue es mir an, und ich werde dich über die Klippen deines Lebens führen zu deiner Bestimmung. Ich zeige dir Wege meiner Liebe, und du darfst ihr folgen zu mir.

ॐ *HABE KEINE ANGST, MEIN KIND, ICH BESCHÜTZE DICH.*
OM SAI RAM

07.07.1996 ~ 3.10 Uhr

Du lebst in deiner Welt und glaubst, alles, was du wahrnimmst, ist fester Bestandteil deines Lebens, die Realitäten, die du empfindest, sind Teil deines Lebens.
Ich sage dir, nichts hat Bestand, alles ist ständig in Veränderung, auch du. Allein dein Körper verändert sich unaufhörlich, wird ständig neu geformt, neu gestaltet. Jede Minute deines Lebens bist du der Veränderung unterworfen.
Deine Umgebung ist ständig dabei, sich umzuwandeln. Gedanken, Energien bilden die Voraussetzung dafür. Das Ausmaß dieses Prozesses geschieht in einer Geschwindigkeit, die unvorstellbar für dich ist. Würdest du die Auflösung in ihrer Geschwindigkeit wahrnehmen, würde dich das mit Angst erfüllen und dir deinen Glauben an die Beständigkeit nehmen, und darum lebst du in der Wahrnehmung der Dinge.
Dieses Bewusstsein verleiht dir eine gewisse Starre. Aber du benötigst Wissen um diese Dinge, um die Veränderungen, die in den nächsten Jahren geschehen werden, verstehen zu können. Du musst die Starrheit verlieren, du musst die Bereitschaft haben, dich dem Fluss der Dinge besser anzupassen.
Es ist wichtig für dich, die Auflösung zu erkennen.
Immer mehr Menschen werden sich zusammenfinden, die bereit sind, viele alte Muster zu vergessen und neue Vorstellungen zu eurer Welt zu entwickeln. Das Wichtigste wird sein, dass ihr dem Bestehenden nicht mehr so einen hohen Stellenwert gebt, Einblick bekommt in eine Welt, in der Zeit und Raum bedeutungslos sind, in der alles Fließen sichtbar ist. Es sind Welten, in denen du dich in Zeiten des Schlafes immer schon befindest. Alles ist dort möglich.
In der Welt, die du dir geschaffen hast, ist dies auch möglich, nur du glaubst nicht daran. Mit Fortschreiten deiner Entwicklung wirst du erkennen, dass du deine Welt genauso beeinflussen kannst. Aber nur Menschen, die von großer Achtung vor allem Leben erfüllt sind, von großer Liebe, die bemüht sind, ein Leben in Wahrheit, Frieden, Gewaltlosigkeit und Rechtschaffenheit zu leben, werden Zugang zu diesen Welten bekommen, denn der Schutz euer Welt liegt in den Händen der Menschen, die bereit sind, neue Wege zu gehen.

Im Namen der Liebe und des Lichtes: In der Reinheit des Geistes und in der Achtung meines Namens werde ich sie teilhaben lassen, die Neuordnung mitzutragen.
Darum seid bereit, seid aufmerksam.

ॐ *Habe keine Angst, mein Kind, ich beschütze dich.*
OM SAI RAM

10.07.1996 ~ 5 Uhr

All meine Liebe und Gnade ist bei dir, heute an diesem Tag. Wann immer du dir meiner Gegenwart in deinem Leben bewusst bist, habe Vertrauen in die Allmacht meiner Liebe, sie gehört dir, wann immer du ihrer bedarfst. Niemals bist du allein, ich wache über dich alle Zeit. Heute sollst du dir dieser Liebe einmal ganz bewusst sein.
Benutze den Augenblick der Stille, um meine Gegenwart in dich aufzunehmen. Begib dich für einen Moment in die Stille und denke meinen Namen. Nimm mit jedem Atemzug Verbindung auf mit mir. Denke an einen Moment in deinem Leben, in dem du meine Gegenwart sehr bewusst empfunden hast. Hole dir dieses Gefühl gedanklich wieder herbei, und dann werde still, werde ruhig.
Fühle, wie meine Liebe sich ausbreitet in dir, fühle, wie sie dich erfüllt, werde eins mit allem. Denn in allem ist Gott, auch in dir. Ihr seid alle Teil des großen Ganzen, eins mit mir.
Sei dir dessen immer bewusst, und du bist nie mehr allein.
Ich bin bei dir alle Zeit.
Ich führe und leite dich auf all deinen Wegen. Wenn du mich lässt, bin ich der stärkste Begleiter durch dein Leben. Darum spüre meine Nähe, wann immer du ihrer bedarfst.

ॐ *Habe keine Angst, mein Kind, ich beschütze dich.*
OM SAI RAM

16.07.1996 ~ 5 Uhr

Finde deine Mitte. Wann immer du dich in deinem Leben in Schwierigkeiten befindest, finde deine Mitte. Es ist der Punkt,

der dich zentriert, der dir hilft, dich zu finden. Es ist der Kern eines jedes Menschen. Es ist der Punkt, der dich verbindet mit der Lebenskraft, die in jedem Menschen wohnt.
Wenn du in Schwierigkeiten bist, wenn du glaubst, nicht mehr zu erkennen, welchen Weg du gehen sollst, wenn du glaubst, alles in deinem Leben ist verworren, hat keinen Sinn, wenn du glaubst, am Ende deiner Kraft zu sein, dann verbinde dich mit deiner Mitte.
Nimm dir Zeit für dich, suche einen Platz der Stille auf, konzentriere dich auf einen Punkt in der Mitte deiner Schädeldecke, atme tief ein und aus. Stelle dir einen weißen Lichtpunkt vor, sprich ein Gebet und breite das Licht um deinen ganzen Körper, hülle dich darin ein. Fühle, wie es dich behütet und beschützt. Dann lasse das Licht über die Wirbelsäule bis zu deren Ende fließen, verfolge den Weg genau, spüre die Blockaden auf dem Weg. Löse sie auf, gehe weiter bis zum Ende der Wirbelsäule, und dann konzentriere dich auf den letzten Punkt.
Konzentriere dich. Spüre, wie du ruhig, wie du still wirst. Nun sprich die Fragen aus, mit denen du nicht klar kommst. Formuliere deine Bitte. Spüre, wie Wärme sich ausbreitet in dir. Fühle die Kraft, die dich erhält. Verbinde dich mit mir.
Egal, wie schwierig die Situation deines Lebens auch sein mag, deine Mitte sendet dir Kraft, denn sie ist verbunden mit allem Sein. Aktiviere die Selbstheilungskräfte, die dir zur Verfügung stehen, wenn du dich damit verbindest, denn wer Hilfe sucht, wird Hilfe bekommen.
Sei dir dieser Hilfe immer bewusst, und finde deine Mitte.

HABE KEINE ANGST, MEIN KIND, ICH BESCHÜTZE DICH.
OM SAI RAM

22.07.1996 ~ 5 Uhr

Erkenne den Rhythmus deines Lebens und folge ihm. Lasse dich nicht aus dem Gleichgewicht bringen. Erkenne, worin deine Fehler und Schwächen liegen, und versuche, sie zu ändern. Bemühe dich um eine ausgeglichene Lebensweise.
Aber eines tue niemals, werde dir niemals untreu, was auch immer in deinem Leben geschieht, bewahre dir den Glauben

an dich selbst und an die große Kraft, die in dir ruht. Ein Mensch kann vieles verlieren, aber er sollte niemals den Glauben an sich selbst verlieren. Denn was auch geschah in deinem Leben, durch die Kraft des Glaubens ist alles veränderbar.
Darum sei im Einklang mit den Kräften, die dich erhalten.
Sorge für dich und deinen Seelenfrieden.
Nimm, wann immer du erkennst, dass dein seelisches Gleichgewicht gestört ist, Kontakt zu diesen Kräften auf.
Begib dich in den Zustand der Ruhe und höre in dich hinein.
Du bekommst Antwort, wenn du still wirst. Innerer Frieden ist ein Geschenk von mir, wenn du verbunden bist und im Einklang lebst mit dir und mir. Diese Verbundenheit erreichst du, wenn du dir täglich Zeit nimmst für uns beide.
Einmal am Tag halte innere Einkehr. Verbinde dich mit der Quelle deines Sein, und höre auf ihren Ruf.
Auf all deine Fragen wirst du eine Antwort bekommen, wenn du nur bereit bist, Kontakt aufzunehmen mit ihr. Denn alles, was du empfindest, ist Teil des großen Ganzen. Dieses steht dir immer zur Verfügung, ist immer bereit, dir zu helfen.
Du allein kannst dich an den Rhythmus des Lebens anschließen. Bitte, und dir wird aufgetan.
Der Schlüssel dazu liegt in dir, darum verzage nicht, was immer auch geschieht. Die Lösung deines Problems ist bereits vorhanden in dem Moment, in dem du es erkennst.
Die Verbundenheit mit mir wird dir dabei helfen. Vertraue dir und mir, halte Einkehr und werde still.

ॐ *HABE KEINE ANGST, MEIN KIND, ICH BESCHÜTZE DICH.*
OM SAI RAM

30.07.1996 ~ 3.40 Uhr

Was ist Liebe, göttliche Liebe? Gottes Liebe ist immer da, sie ist die nie versiegende Quelle, die unaufhörlich strömt. Sie ist wie die Tiefe des Ozeans. Sie ist unendlich, und sie gehört dir, jede Sekunde deines Lebens.
Sie führt dich durch alle Wirrnisse deines Lebens, sie behütet und beschützt dich, sie leitet dich. Alles wird durchdrungen von ihr. Sie gehört dir.

Der Mensch, der sie erkennt, wird niemals mehr verlassen sein, er ist sich der Gegenwart seiner Liebe immer bewusst. Sie fordert nicht, sie ist unbestechlich immer da.
Lass dich einhüllen von ihr und fühle, wie du frei wirst. Was dich verändert, ist die Kraft, die von ihr ausgeht. Sie zeigt dir immer wieder, ich bin hier, hier bei dir.
Dieses Wissen um die Liebe Gottes soll dich freimachen von allem, denn nur, wer frei ist von allen Bindungen, der kann auf seiner letzten Erdenreise eintauchen in die Liebe und sich verbinden mit dem Strom, der unaufhörlich fließt.

ॐ *HABE KEINE ANGST, MEIN KIND, ICH BESCHÜTZE DICH.*
OM SAI RAM

05.08.1996 ~ 5 Uhr

Erkenne dich, erkenne mich. Erkenne! Erkenne! Erkenne!
Immer wieder im Laufe deines Lebens wirst du an Situationen und Begebenheiten herangeführt, die die Aufgabe in sich bergen, dass du erkennst. Manche Lebenssituationen bereiten dir großen Kummer, und du bist verzweifelt und haderst mit deinem Schicksal und mit mir, wenn du den Weg zu mir gefunden hast. Aber alles, was du als Strafe oder als Ungerechtigkeit ansiehst, ist Hilfe.
Du sollst dich und deine Situation erkennen. Was nutzt es dir, wenn du in diesem deinen Leben nicht die notwendige Entwicklung durchläufst, die du dir bei deinem Eintritt in dieses Leben vorgenommen hast? Du brauchst Hilfe, um dich zu entwickeln. Diese Hilfe sende ich dir immer wieder.
Darum nimm alles, was geschieht in deinem Leben, dankbar an. Die glücklichen Stunden, aber auch die, von denen du glaubst, sie bestrafen dich.
Lernprozesse sind leider oft sehr schmerzhaft, weil du dich immer wieder dagegen wehrst, du versuchst sie zu umgehen. Aber alles, was du nicht anschaust, was du verdrängst, von dem du meinst, es erledigt sich von selbst, glaube mir, es kommt immer wieder auf irgendeine Weise zu dir zurück.
Die Erkenntnisse, die du gewinnen sollst, die du erkennen sollst, holen dich immer wieder ein, bis du erkennst und bereit

bist zur Veränderung. Aber es entspricht dem Wesen des Menschen, unangenehme Aufgaben zuerst einmal nicht anzuschauen.
Wenn du mit Freude durchs Leben gehen möchtest, dann erledige die schwierigen Lebenssituationen in der Gewissheit, dass du am Ende der Aufarbeitung erkennen wirst: Ich bin geleitet und geführt, ich bin beschützt, ich habe erkannt, was auch immer in meinem Leben geschieht, Gott ist an meiner Seite, er führt mich, er liebt mich und hilft mir, durch mein Leben zu gehen.
Diese Gewissheit wird dich auch das Schwierigste erkennen lassen, und du wirst verstehen, dass dein ganzes Leben nur dazu da ist, zu erkennen.
Darum habe Vertrauen und lebe.

ॐ *Habe keine Angst, mein Kind, ich beschütze dich.*
OM SAI RAM

11.08.1996 ~ 5 Uhr

An meiner Liebe kannst du dich aufrichten, sie ist immer für dich da, wenn du ihrer bedarfst. Im Auf und Ab deines Lebens ist sie das Beständige, immer bereit, dich zu umhüllen und dir Trost und Hilfe zu geben.
Sie fließt unaufhörlich wie die Zeit. Sie ist wie ein unendlich hoher Berg, der vom Wasser umspült wird. Die Wellen des Schicksals, die Wogen der Unendlichkeit können ihn umspülen, sie können Stücke davon abtragen, aber sie können ihn niemals zerstören.
Seit Abermillionen Jahren behütet und beschützt meine Liebe eure Seelen. Du vertraust mir nicht? Du fragst: Was muss ich dafür tun? Bin ich es wert? Glaube mir, diese meine Liebe stellt keine Bedingungen. Sie fließt und strömt, du brauchst dich nur anzuschließen an sie. Du darfst sie erkennen und dich unter ihren Schutz begeben.
Die Liebe der Unendlichkeit ist der alles verbindende Energiestrom, ist die stärkste Kraft auf Erden, die euch zur Verfügung steht. Nutze die Chance, die du jeden Tag deines Lebens erfahren kannst.

Speise dich daraus, wenn du wieder einmal Probleme hast, wenn du glaubst, nichts, aber auch nichts in deinem Leben lohnt sich mehr.
Wenn du einsam und verloren bist, dann bitte mich um Hilfe, und glaube mir, der Strom meiner Liebe wird dich empfangen und dich begleiten auf den Wegen, die du gehst. Das Einzige, was du tun musst, ist es zuzulassen.
So einfach ist wahre Liebe zu bekommen, denke immer daran, was auch in deinem Leben geschieht. Ich bin immer bereit, sie dir zu senden, wenn du sie aufnehmen willst.

ॐ *Habe keine Angst, mein Kind, ich beschütze dich.*
OM SAI RAM

16.08.1996 ~ 3.45 Uhr

Möge dein Leben wie eine Rose sein!
Stetig duftend und rein.

ॐ *Habe keine Angst, mein Kind, ich beschütze dich.*
OM SAI RAM

18.08.1996 ~ 3.45 Uhr

Langsame, aber stetige Veränderungen bestimmen dein Leben. Du bist in der Umwandlung. Du bist in dieses Leben gekommen, um zu erkennen und zu verändern. Die Einsichten, die du gewinnst, sollst du auch umsetzen in positive Veränderungen. Nur der Mensch, der bereit ist, sich immer wieder neu zu erkennen und zu ordnen, wird die Aufgaben, die das Leben mit sich bringt, im Sinne Gottes leben.
Denn das ist eine der wichtigsten Voraussetzungen in eurem Leben, die Einhaltung der Lehren, die ich euch Menschen gab. Um ein erfülltes und glückliches Leben zu haben, ist die Rückkehr zu den großen Lebensweisheiten eine wichtige Voraussetzung. In den alten Schriften ist die Gestaltung eures Lebens festgehalten.
Der Mensch, der erkennt, welche großen Lebensweisheiten und Richtlinien darin verborgen sind, wird anfangen, sich zu entfal-

ten, er wird erblühen und beginnen zu wachsen und sich aufrichten an ihnen.
Darum gehe nicht achtlos mit dem Wissen deiner Väter um. Die Quellen deines Seins sind darin verborgen. In den Zeiten der Rückbesinnung solltest du Kraft daraus schöpfen.
In jedem Menschenleben gibt es Situationen, in denen man an einen Scheideweg kommt. Du darfst erkennen, du darfst verändern. Nutze es als Chance, nicht als Strafe.
Der Mensch, der erkennt, dass Entwicklung Umwandlung ist und der einzige Weg, um sich zu befreien aus den Verstrickungen, die dich im Laufe deines Erdendaseins umfangen haben, der wird mit Freude an der Erkenntnis mitarbeiten, dass nur Erkennen der Weg aus den Verstrickungen der Maya ist.
Mit dem Vertrauen auf Gott und der Liebe, die alles verbindet, wird es dir gelingen, ein Leben voller Freude und in Harmonie mit allen Wesen zu leben.
Jedem Tag, der dir eine neue Erkenntnis gebracht hat, solltest du mit Dankbarkeit begegnen.
Glaube mir, du Menschenkind, die Wege der Selbsterkenntnis sind es, die dich mir nahe bringen. Darum nutze jeden Tag die Chance, um zu erkennen.

ॐ *HABE KEINE ANGST, MEIN KIND, ICH BESCHÜTZE DICH.*
OM SAI RAM

21.08.1996 ~ 3.45 Uhr

Ich schenke euch meine Worte, damit ihr euch erkennt. Ich tue es aus reiner Liebe. Ich habe mich manifestiert aus dem Licht, um euch Menschen in menschlicher Gestalt meine Lehren zu bringen. Ich tat es in der Gewissheit, dass der Mensch, selbst wenn er das Göttliche in menschlicher Gestalt sieht, lange braucht, um zu erkennen.
Aber die Flamme der Liebe wird die Herzen erreichen und von dort hinaus in die Welt getragen werden. Der Funke, aus dem sie entsteht, wird euch entflammen. Ich inkarnierte in das Land der alten Weisheiten und der Anbetung. Die Wunder, die ich einst vollbrachte, setzten ein Zeichen, die Liebe, die ich euch sende, ist der Garant meiner göttlichen Allmacht.

Ich könnte mit dem Flammenschwert über diese Erde eilen und alle zerstören, die nicht guten Willens sind. Aber ich ziehe den Weg eurer Einsicht und Erkenntnisse vor, denn ich bin ein liebender Gott. Die Umwandlung eurer Welt muss geschehen durch die Menschen, die erfüllt sind mit Liebe.
Erkenntnis allein verändert die Taten der Menschen. Die, die erkennen, dass das göttliche Licht sich in Menschengestalt manifestiert hat, werden sich zusammenfinden und meinen Namen preisen. Sie werden die Wogen der Liebe weitertragen zu den Völkern der Welt.
Die Sichtbarmachung des göttlichen Lichtes wird diese eure Welt verändern durch die Ausbreitung der göttliches Liebe, die gepflanzt wird in jedem, der meine Herrlichkeit erkennt. Darum nehmt die große Gnade, die euch zuteil wird, wahr, und beugt euch vor ihr.
Ich sende euch Liebe und das göttliche Licht, auf dass ihr es aufnehmt in euch und euch erkennt.

ॐ *Habe keine Angst, mein Kind, ich beschütze dich.*
OM SAI RAM

Schließe die Seiten
meines Buches und sende meine Liebe
über die Welt.
Der Frieden, der in dir ruht,
sei mit dir, alle Zeit.

Namaste.

Nimm die Quersumme
des Datums der letzten Botschaft.

Es ist meine Zahl.

9

Das Gayatri Mantra

Notation © by Antje Nagula
nach einer Originalrezitation von Sathya Sai Baba

Om
Bhur Bhuwah Swah
Tat Sawitur Warenjam
Bhargo Dewasja Dhimahi
Dhijo Jo Nah Pratschodajat

Urton und Wort, aus dem alles entsteht
grobstoffliche Erde, feinstofflicher Äther, Kausalwelt
verehrungswürdiges höchstes Sein, lebensspendende Kraft
lasst uns meditieren über den Glanz des Göttlichen
möge die Höchste Geisteskraft uns erleuchten

~

»Das Gayatri Mantra ist das älteste und heiligste Mantra Indiens und damit wohl eines der ältesten überlieferten Gebete der Menschheit. Die Sanskritworte stammen aus dem Rigveda, einem 3500 bis 4000 Jahre alten heiligen Text, und enthalten die essenzielle Schwingung der oberen Lichtsphären und alle damit verbundenen spirituellen Kräfte der Weisheit. Das Gayatri Mantra ist eine reine Betrachtung des spirituellen Lichts. Sein Ziel ist die Erleuchtung des Geistes und des Intellekts. Hinduisten und Buddhisten verschiedenster Richtungen üben es in Anbetracht seiner immensen Kraft.
Bis vor kurzem war das Gayatri Mantra allein hochkastigen Brahmanen und eingeweihten Mönchen vorbehalten. Erst Ende des 20. Jahrhunderts setzte sich Sathya Sai Baba, der in Indien von Millionen als Heiliger verehrt wird, dafür ein, dass dieses Mantra wegen seiner großen Kraft, Herzen zu öffnen und zu heilen, allen Menschen – gleich welcher Religion oder Rasse oder sozialen Schicht angehörig oder welchen Geschlechts – zugänglich gemacht wird, um das Kastensystem aufzuheben.«

aus:
Hagara Feinbier, COME TOGETHER SONGS
Lieder des Herzens aus aller Welt
Das Liederbuch Band II
ISBN 3-89060-235-5
im Vertrieb des Verlags Neue Erde

Mein Gayatri

von Ute Prema Kanthak

Vor vielen Jahren, als ich mich in der tiefsten Verzweiflung meines Lebens befand und mich auf die Suche nach mir selbst machte, stieß ich auf dieses Gebet:

Gott schenke der Welt Frieden und fange bei mir an.

Es fand Eingang in mein Herz, und Gott hat mich erhört. Ich habe Frieden gefunden. Ich bin Sai Baba begegnet, und mein Leben hat sich auf so wundervolle Weise neu gestaltet – es geschah eine Öffnung, die alles veränderte.
Auf diesem Weg hat mich auch das Gayatri Mantra begleitet. Das Gayatri ist eines der ältesten Mantras der Welt. Es hat ein eigenes Energiefeld im Universum. Wann immer du dich mit dem Gayatri verbindest – und das geschieht schon, wenn du die ersten Worte aussprichst –, schließt du dich an ein gewaltiges Energiefeld an, das dir zur Verfügung steht, um zu wachsen. Es wurde durch die Liebe und das Streben der Menschen nach einer Verbindung mit Gott aufgebaut. Wenn du das Gayatri singst, stärkst du nicht nur dich, sondern trägst auch dazu bei, das Energiefeld zu erhöhen.
Beginne dreimal mit Om. Das verbindet dich mit der göttlichen Präsenz, die in allem ruht. Es ist die Kraft, die allem Belebten innewohnt, selbst dem, was du für unbelebt hältst. Das Om ist auch der Ursprung unseres Amen.
Das Singen des Om ist eine wundervolle Meditation. Wenn du es regelmäßig praktizierst, wirst du merken, dass alles in dir zu schwingen beginnt. Du wirst eins mit allem, denn auch du schwingst in einem Ton, selbst wenn du es nicht hören kannst. Durch das Om-Singen wird es erfahrbar.
Ich beginne und beende den Tag mit dem Gayatri, und es ist ein Teil von mir geworden. Alle meine Engelsitzungen, Seminare und Meditationsabende beginnen damit. Es ist so sehr ein Teil von mir geworden, dass ich manchmal ganz erstaunt

darüber bin. Ich sitze in der U-Bahn und merke plötzlich, dass ich es innerlich rezitiere. Es ist ein wundervoller Teil von mir geworden. Lass es – wenn es dich berührt –, auch ein Teil von dir werden.
Wir alle streben nach einer Verbindung mit Gott. Auch du. Bis du erkennst, dass du nicht mehr zu suchen brauchst, dass du selbst ein Teil des Göttlichen bist.
Sai Baba sagt in einer Botschaft: »Du und ich sind eins, der einzige Unterschied besteht darin, dass ich weiß, dass ich Gott bin. Du hingegen hast deinen Ursprung vergessen.«

Shanti, Shanti, Shanti.
Das bedeutet Frieden. Frieden beginnt in deinem eigenen Herzen und breitet sich von dort aus.

Du kommst aus dem Licht,

du bist Licht,

und du gehst zum Licht.

»Lass los die vielen ungeweinten Tränen.«

Erzengel Uriel

Suchen Sie den Heiligen Raum Ihres Herzens auf,
in dem Sie überall auf der Welt zu Hause sind.

»Kyrie Eleison« von Antje Nagula

Das einmalige Hören dieses Stücks dauert 6 Minuten.
In dieser Zeit wird das »Kyrie Eleison« 18-mal wiederholt,
was die Quersumme der heiligen Zahl 9 ergibt, in der
die Trinität 3-mal enthalten ist.

3-mal ist dieses Stück auch auf der CD enthalten,
deren Laufzeit von 18 Minuten damit abermals
die heilige Zahl 9 ergibt.

Bei mehreren Lichtmeditationen wurden durch Ute Prema Kanthak
Botschaften von Erzengel Uriel zu dieser Musik gechannelt, in denen
es unter anderem heißt:

»Heile dich, o du Mensch, heile den Schmerz,
heile das Leid, heile die Ängste und all die Verzweiflung,
die du erfahren, durchlebt und aufgelöst hast.
Nimm das Geschenk, das du jetzt empfängst.
Umarme all das, was nicht mehr nötig ist.
Sende es mit dem Ton, sende es mit dem Licht
und empfange die Gnade, die das Licht zu aller Zeit
für dich bereit hält. Gib dich hin diesem Ton,
gib dich hin an das, was du spürst.
Lass los die vielen ungeweinten Tränen.«

»Kyrie Eleison« auf CD, der Überraschungserfolg
von Amra Records, kostet 8 Euro plus Porto und kann
über folgende Anschrift bezogen werden:

Amra Verlag
Auf der Reitbahn 8
D-63452 Hanau
Telefon: 06181-189392
E-Mail: info@amraverlag.de